जसिंता केरकेट्टा

जसिंता केरकेट्टा कवि, लेखक और स्वतंत्र पत्रकार हैं, जो झारखंड के पश्चिमी सिंहभूम जिले के उराँव आदिवासी समुदाय से हैं। उनका पहला द्विभाषिक हिन्दी/अंग्रेज़ी कविता संग्रह 2016 में 'अंगोर' शीर्षक से, आदिवाणी, कोलकाता से प्रकाशित हुआ। 2018 में 'जड़ों की ज़मीन' दूसरा द्विभाषिक कविता-संग्रह भारतीय ज्ञानपीठ, नई दिल्ली से आया। तीसरा कविता-संग्रह 'ईश्वर और बाज़ार' हिन्दी में राजकमल प्रकाशन, नई दिल्ली से 2022 में प्रकाशित हुआ। उनके पहले कविता संग्रह का अनुवाद जर्मन, इतालवी, फ्रेंच भाषाओं में हुआ है। दूसरा संग्रह जर्मन भाषा में अनूदित है।

उन्होंने कई देशों में भारत के आदिवासियों की स्थिति पर लोगों से संवाद और कविता पाट किया है। कविता पाठ के लिए उन्होंने अमेरिका, इंग्लैंड, जर्मनी, फ्रांस, इटली, स्विट्ज़रलैंड, ऑस्ट्रिया, कोस्टा रिका और थाईलैंड की यात्रा की है। उन्हें हॉवर्ड इंडिया कॉन्फ्रेंस 2020 में आमंत्रित किया गया है। उनकी कविताएँ कई देशों में पढ़ी और पढ़ाई जा रही हैं। ऑस्ट्रेलिया, यूक्रेन, इजरायल और रूस में भी उनकी कविताएँ विश्वविद्यालयों में पढ़ाई गई हैं।

2014 में, उन्हें एशिया इंडिजिनस पीपुल्स पैक्ट, थाईलैंड द्वारा 'वॉयस ऑफ़ एशिया रिकॉग्निशन अवार्ड' दिया गया है। 2022 में, वह फोर्ब्स इंडिया द्वारा चुनी गई भारत की 22 सेल्फ़ मेड विमेंस की सूची में शामिल की गईं। इसके अलावा वे कई अन्य छोटे-बड़े सम्मानों से सम्मानित हैं।

सम्पर्क : jcntkerketta7@gmail.com

ईश्वर और बाज़ार

जसिंता केरकेट्टा

राजकमल पेपरबैक्स

राजकमल पेपरबैक्स में
पहला संस्करण : 2022
चौथा संस्करण : 2025

राजकमल पेपरबैक्स : उत्कृष्ट साहित्य के जनसुलभ संस्करण

राजकमल प्रकाशन प्रा.लि.
1-बी, नेताजी सुभाष मार्ग, दरियागंज
नई दिल्ली-110 002
द्वारा प्रकाशित

शाखाएँ : अशोक राजपथ, साइंस कॉलेज के सामने, पटना-800 006
पहली मंजिल, दरबारी बिल्डिंग, महात्मा गांधी मार्ग, प्रयागराज-211 001
1, अनमोल सोराबजी संतुक लेन, धोबी तलाव, मरीन लाइंस, मुम्बई-400 002

वेबसाइट : www.rajkamalprakashan.com
ई-मेल : info@rajkamalprakashan.com

विकास कंप्यूटर एंड प्रिंटर्स
ट्रोनिका सिटी-201 102
द्वारा मुद्रित

मूल्य : ₹ 299

ISHWAR AUR BAZAR
Poems by Jacinta Kerketta

ISBN : 978-93-92757-83-9

यह कविता-संग्रह झारखण्ड, ओड़िशा और
छत्तीसगढ़ के सारंडा, नियमगिरि और बैलाडीला पहाड़
के लोगों को समर्पित है, जिन्होंने जंगल, पहाड़, नदियों को
बचाने के लिए लम्बे समय तक संघर्ष किया है।
कइयों ने अपने प्राण भी दिये हैं।
यह उन सभी अद्भुत प्रेमियों को समर्पित है,
जिन्होंने पहाड़ों से बेइन्तहा प्यार किया है।
उन्हें बचाने के लिए पीढ़ी-दर-पीढ़ी लड़ाई की है।

भूमिका

पहले कविता-संग्रह के बाद सोचती थी कि इसके आगे और कुछ न लिख सकूँगी। दूसरे संग्रह के बाद भी ऐसा ही लगता था। पर मैंने हमेशा अपने लिखने की ज़िम्मेदारी कविताओं पर ही छोड़ी है और आज ये कविताएँ तीसरे संग्रह के रूप में लोगों तक पहुँचना चाहती हैं। जहाँ से निकली हैं वहीं लौटना चाहती हैं। कविताओं ने मुझे ज़मीन और प्रकृति से गहरे जोड़ा है। ये हमेशा बोलती हैं कि कभी मत कहना ये सिर्फ़ तुम्हारी हैं। ये सिर्फ़ तुम्हारी कभी नहीं हो सकतीं क्योंकि ये सबकी हैं। जिन लोगों की चुप आँखों ने कुछ कहा है, जिनकी चुप्पी ने कुछ सुनाया है, जिन जंगल, पहाड़ों, नदियों ने तुमसे बतियाया है उन सबका कविता पर अधिकार है। रास्ते में जिनसे भी जो कुछ मिला है, वह सब लौटाने का समय है यह तीसरा कविता संग्रह।

कविताएँ लिखते हुए मैंने महसूस किया है कि कैसे ये आदमी को मशीन से मनुष्य बनाती हैं। एक ऐसी जगह ले जाती हैं जहाँ मेरा "मैं" कहीं गुम हो जाता है। और वह बहुतों के "मैं" के भीतर समाकर "हम" सा कुछ महसूस करता है। कविताओं ने मुझे भीतर शून्य होना सिखाया है। इसकी वजह से मेरे भीतर कविताओं के एवज में कुछ पाने की लालसा और प्रतिरोध की कविता लिखते हुए मारे जाने का डर, दोनों ही ख़त्म हो गये हैं। इन कविताओं ने ही मुझे जंगल-जंगल, पहाड़-पहाड़, गाँव-गाँव घुमाते हुए ज़मीन के लोगों के लिए लिखने, जीने और एक दिन मर जाने का जज़्बा दिया है।

मेरे परिवार में कभी किसी ने कविता नहीं लिखी। माता-पिता के बाद दूसरी पीढ़ी हूँ जिसने स्कूल का चेहरा देखा। उसमें भी मैं अपने परिवार और सगे-सम्बन्धियों के बीच अकेली हूँ, जिसने कुछ लिखना

शुरू किया, अभिव्यक्त करना शुरू किया।

ऐसा लगता है मेरे पुरखों ने जो नहीं कहा या संकेतों में कहा, मेरी माँ ताउम्र जो नहीं कह सकी, वो सारी चुप्पी एक दिन कविता में बदल गई। मैं हमेशा उन लोगों की आभारी हूँ जिन्होंने बहुत भरोसे और प्यार से अपना सारा चुप मुझे चुपचाप बहुत कुछ बोलने और लिखने को दे दिया। झारखण्ड के साथ-साथ ओड़िशा, छत्तीसगढ़ के जंगल, पहाड़ों, सुदूर गाँवों में बिताए दिन और रातों ने मुझे जीने का मक़सद दिया है। मैं हमेशा इन सबकी आभारी हूँ और रहूँगी।

आप सबको जोहार...।

–जसिंता केरकेट्टा

क्रम

ईश्वर और बाज़ार

लोग ईश्वर को राजा मानते रहे
और राजा में ईश्वर को ढूँढ़ते रहे

राजा ने ख़ुद को एक दिन
ईश्वर का कारिंदा घोषित कर दिया
और प्रजा की सारी सम्पत्ति को
ईश्वर के लिए
भव्य प्रार्थना-स्थल बनाने में लगा दिया
उसके नाम पर बाज़ार सजा दिया

भूखी असुरक्षित बेरोज़गार पीढ़ियाँ
अपने पुरखों की सम्पत्ति
और समृद्धि वापस माँगते हुए
उन भव्य प्रार्थना-स्थलों के दरवाज़े पर
अब सिर झुकाए बैठी हैं

आदमी के लिए
ईश्वर तक पहुँचने का रास्ता
बाज़ार से होकर क्यों जाता है?

प्रार्थना का समय

हमें बताया गया लम्बे समय से
ग़रीबी, भुखमरी और बीमारी
ईश्वर पर यक़ीन न करने का परिणाम है

हमने पूछा
इस भीड़ में क्यों
सिर्फ़ मुट्ठी-भर लोगों के पेट में
अच्छी फ़सल का
अच्छा हिस्सा फँसा रहता है?
उन्होंने कहा
वे इस धरती के चुने हुए लोग हैं

कई लोगों का खाना
कुछ लोगों के पेट में
कई दिनों तक अटका रहता है
यह 'ईश्वर' का चमत्कार है
और शेष लोग?
शेष लोगों की बीमारी, भुखमरी
अपनी आस्था पर खरा न उतरने की सज़ा है

जब समय था कि
ख़ुद पर हो रहे
अन्याय के ख़िलाफ़

एक साथ खड़े रहें
तब हज़ारों की संख्या में
हम जंगलों से निकल
बाल-बच्चों सहित
प्रार्थना सभा की ओर मुड़ गए

बैठे रहे दिन-भर
बोलने वालों का मुँह ताकते
पीढ़ियाँ बदल गईं पर हालात नहीं बदले
तब हमसे कहा गया
बदलाव त्याग माँगता है
और हमने गाँठ के रुपए के साथ
अपनी हासा-भाषा सब त्याग दिया

सभा चीखती रही
चमत्कार ऊपर से होते हैं
हमने अपनी बन्द आँखें ऊपर उठा लीं
और बीमारी की जड़ें नीचे रह गईं

हाथ जोड़कर बदलाव की प्रार्थना की
इस तरह हमने सीखा
बिना सवाल किए कैसे जोड़े जाते हैं हाथ
हम बँट गए कई हिस्सों में
जब आधे लोग सड़क पर उतरते
हम प्रार्थनाएँ करते
और भविष्य की तरफ़ देखते
क्योंकि हमें बताया गया
उधर ही कहीं स्वर्ग है

एक दिन हम हारकर
इस पर बात करने को जुटे
कि अब और नहीं

हमें उठ खड़ा होना चाहिए
एक साथ
अपने हालात के ख़िलाफ़

अभी इसी वक़्त इसी समय
कि भविष्य यहीं है
इसी क्षण इसी घड़ी

कि तभी
अलग-अलग दिशाओं से
अलग-अलग आवाज़ में
घंटे बज उठे
यह कहते हुए
कि जुटान ख़त्म हो
यह प्रार्थना का समय है।

हमारा हिसाब कौन देगा साब?

(भारत, अमेज़न और दुनिया-भर में अपने जंगलों को बचाने के लिए संघर्ष करते आदिवासियों को समर्पित)

मन्दिर मस्जिद गिरजाघर टूटने पर
तुम्हारा दर्द कितना गहरा होता है
कि सदियों तक लेते रहते हो उसका हिसाब
पर जंगल जिनका पवित्र स्थल है
उनको उजाड़ने का हिसाब, कौन देगा साब?

जाने कब से धर्म-धर्म खेल रहे
जो तुम्हारे धर्म के दायरे में आते नहीं
वे जंगल को पूजते हैं, जंगल को जानते हैं
वहीं जीते हैं वहीं मर जाते हैं
तुम सब बूट पहनकर

उनके पवित्र स्थलों में कैसे घुस आते हो?
विकास कह-कहकर जितने निर्दोष मारे हैं
उन सबका हिसाब कौन देगा साब?
वे जो जंगल पहाड़ में रहते हैं
वे वनवासी नहीं आदिवासी हैं
उनको उनकी ही ज़मीन पर
क्यों अछूत बनाकर रखते हो?
अपना-अपना धर्म लेकर
इधर क्यों चले आते हो?

आते हो तो धर्म के साथ उनकी संस्कृति पर
बुल्डोज़र क्यों चलाते हो?
हर काल में तुम सब शामिल हो
उनके पवित्र स्थलों को उजाड़ने वालों के साथ
आख़िर उन सबका हिसाब कौन देगा साब?

कैसा धर्म है तुम्हारा?
आपस में तो लड़ मरते हो
प्रकृति जो तुम्हें पालती है
उसको भी नहीं छोड़ते हो

हम जीवन-भर लड़ेंगे
तुम्हारी इसी संस्कृति के ख़िलाफ़
बस इतना बता दो
इस धरती को उजाड़ने का हिसाब
आख़िर कौन देगा साब?

मैं और मेरा ईश्वर

एक दिन ईश्वर
मेरी आदत में शामिल हो गया
अब मेरी आदत में ईश्वर था
जैसे मेरी आदत में तंबाकू

जिस दिन कुछ लोगों ने मिलकर ईश्वर के ही घर में
नन्ही बच्ची के साथ दुष्कर्म किया
बच्ची ने दिल से ईश्वर को याद किया
मगर वह मन्दिर के कोने में खड़ा रहा
और दुष्कर्म के बाद आदतन उस दिन भी
लोगों ने सबसे पहले ईश्वर को ही प्रणाम किया

मज़दूर जब अपने अधिकार के लिए उठे
तो कुछ ईश्वर भक्तों ने उनसे
हाथ जोड़कर प्रार्थना करने को कहा
मज़दूरों ने कहा अब प्रार्थना का समय नहीं है
वे जीवन-भर प्रार्थना करते रहे अपने मालिक से
पर ईश्वर को मानने वाला उनका मालिक बेरहम निकला

वह मज़दूरों की नहीं सुनता
पर यह ज़रूर कहता
ईश्वर पर भरोसा रखो
वह देगा इससे भी बेहतर दुनिया

मगर इस दुनिया में वह
उन्हें उनका हक़ नहीं देना चाहता

उस दिन जिस आदमी ने
प्रार्थना की शुरुआत की
उसकी प्रार्थना इतनी लम्बी और उबाऊ थी
कि लोग नींद में डूबने लगे
मगर हिम्मत किसी में न थी कि उसे सच बता सके
इस तरह चुपचाप हर बात स्वीकार कर लेना
मेरी आदत-सी बन गई
जैसे मेरी आदत में मेरा ईश्वर
जैसे मेरी आदत में तंबाकू

मुझे अच्छा बने रहने के लिए
ईश्वर की ज़रूरत थी
और बुरे कामों के बाद
बचने के लिए भी ईश्वर का रास्ता
हत्या और दया
लूट और दान
सबकुछ साथ-साथ चलता
मैं उससे दोनों तरह के काम लेता
इस सच को नकारता हुआ
कि दुनिया में दो ही तरह के लोग हो सकते हैं
भले या फिर बुरे

और कितनी अजीब-सी बात है
भले और बुरे दोनों ही आदमियों के पास
एक बात बिल्कुल एक सी है
कि दोनों की आदत में
शामिल है एक ही ईश्वर।

आत्मरक्षा की ज़िम्मेदारी

उन्होंने अपना ईश्वर हमारी ओर बढ़ाया
कहा यह तुम्हें मुक्त करेंगे पापों से
हमने पूछा–
कौन-सा पाप किया है हमने?
वे चकराए
बिना पाप और उससे मुक्ति के दावों के
कैसे वे स्थापित कर सकेंगे अपना ईश्वर?

उन्होंने कहा–तुम बहुत ग़रीब हो
यह तुम्हारे पापों की सज़ा है
हमने उन्हें दूर तक पसरी अपनी ज़मीन दिखाई
जंगल नदी पहाड़ झरने
और भण्डारकोना में अनाज के मोरा* दिखलाए
तब उन्होंने कहा
मृत्यु के बाद इससे भी बेहतर दुनिया है
हमने कहा मृत्यु के बाद हम कहीं नहीं जाते
रह जाते हैं अपने पुरखों के साथ
यहीं-कहीं अपनी पीढ़ियों के पास

वे अब बहुत घबराए
क्या किया जाए इनका?
ये नहीं मानते ख़ुद को पापी

---

* मोरा—पुआल की रस्सी से गोल घिरा स्थान, जहाँ अनाज रखा जाता है।

नहीं मानते ये किसी दूसरी दुनिया को
नहीं मानते किसी स्वर्ग-नरक को

अब उन्होंने पूछा–फिर दिखलाओ अपने ईश्वर को
हमने पेड़ों और पहाड़ों की ओर इशारा किया

फिर हमने भी पूछा–
अब तुम भी दिखलाओ अपना ईश्वर
वे घबराए कैसे अपने ईश्वर को दिखलाएँ?

एक दिन उन्होंने महाजन से
हमारी बंधक ज़मीन हमें वापस दिलाई
और कहा यह उनके ईश्वर की ताक़त है
हमने उस ईश्वर को झुककर प्रणाम किया
और फिर झुके रहे न जाने कब तक
हमारे साथ हमारी पीढ़ियाँ झुकीं
फिर कई सदियाँ झुकीं

मगर हम यह नहीं जानते थे
कि ईश्वर के साथ उनके पास अदृश्य हथियार भी हैं
जिनसे करते हैं वे पूरी दुनिया पर हमले
जहाँ भी ज़मीन जंगल और तेल है
पर हम लड़ें तो कैसे लड़ें
अपनी रक्षा की सारी ज़िम्मेदारी
सौंप रखी है हमने उनके ही ईश्वर को।

लोग मरते रहे, सिर्फ़ ईश्वर बचा रहा

राजा क्या चाहता था
अपने राज्य का विस्तार
वह सरहदों के पार जाता
और ख़ुद को लोगों का ईश्वर बताता

जब राजाओं का गढ़ ढहने लगा
तब कुछ चालाक लोग उठे और
उन्होंने ईश्वर को राजा घोषित किया
अपने राज्य की मज़बूती के लिए
वे सरहदों के पार गए

ईश्वर के नाम पर वे उधर मुड़े
जिधर लोग नाचते-गाते और पेड़ों को पूजते थे
सूरज घड़ी की तरह आकाश में लटकता था
और चाँद तारीख़ों में बदल जाता था
उनके पास पहाड़ थे और पहाड़ों में सोना
मगर वे बीमारियों से डरते थे

वे इनके बीच
एक ऐसा ईश्वर लेकर आए
जो लोगों की गाँठ से
बची-खुची कमाई निकालने में

उनकी मदद करने लगा
भूख और दु:ख से छुटकारा पाने की
मन्नत माँगते लोगों ने देखा
उनके पहाड़ों से निकले सोने से
राजा का मन्दिर चमक रहा था
बदले में कुछ लोगों के हाथ में सिक्के थे
जो उनके हाथ का हुनर खोने की क़ीमत थी

जिनके पास कुछ नहीं बचा
उनके पास ईश्वर के होने का भरम था
और जिनके पास पैसे बहुत थे
उन्होंने ईश्वर को छोड़ दिया
अब ईश्वर उनके किसी काम का नहीं रहा

एक दिन एक आदमी को
भूख से तड़प रहे
अपने नन्हे बच्चे के लिए दूध ख़रीदना था
पर उसकी गाँठ के पैसे ग़ायब थे
उसने रात-भर ईश्वर को पुकारा
पर सुबह बच्चे को मरा हुआ पाया
आस्थावान लोगों ने कहा
ईश्वर ने तुम्हारी सुनी उसे मुक्ति मिली
उसने कहा
उसे मुक्ति नहीं दूध चाहिए था

तिलमिलाकर उठा आदमी
और दर्द से चीख़ने लगा
उस दिन पहली बार
वह ईश्वर के ख़िलाफ़ था
राजा और राज्य के ख़िलाफ़ था
ईश्वर को मानने वाले ग़ुस्से में थे

उन्होंने उसे चौराहे पर ज़िन्दा जला दिया
यह कहते हुए कि उनका ईश्वर राजा है
और राजाओं के ख़िलाफ़ बोलने का हश्र यही है

एक दिन राजाओं के गढ़ ध्वस्त हो गए
पर उन्होंने ईश्वर को राजा बनाए रखा
हर सदी में अपना गढ़ बचाए रखा।

(धर्म के ख़िलाफ़ बोलने पर रोम में 17 फ़रवरी, 1600 को ज़िन्दा जला दिए गए कवि, दार्शनिक, प्रकृति प्रेमी जोर्डानो ब्रूनो की प्रतिमा को देखते हुए।)

मेरे ईश्वर की हत्या

बीमारी की हालत में अकेली
कई दिनों तक खाट पर पड़ी रही
मैंने याद किया ईश्वर को
पर एक पुराना मित्र दौड़ा चला आया
गोद में उठाकर मुझे अस्पताल पहुँचाया
कई दिनों तक भूखी जब भटकती रही शहर में
मोड़ पर दुकान वाले भैया बहुत दिनों तक
देते रहे आटा उधार में
पड़ोस की दीदी कटोरी-भर सब्ज़ी
पहुँचा जाती थी अक्सर
मेरी नाक तक ख़ुशबू पहुँचने से पहले
मैंने देखा मेरा ईश्वर मेरे इर्द-गिर्द रहता है

एक दिन वे आए
जिन्होंने ईश्वर को कभी नहीं देखा
वे ईश्वर के नाम पर
करने लगे हत्या मेरे ईश्वर की
जो मेरे इर्द-गिर्द ही रहता था।

स्त्रियों का ईश्वर

पिता और भाई की हिंसा से
बचने के लिए मैंने बचपन में ही
माँ के ईश्वर को कसकर पकड़ लिया
अब कभी किसी बात को लेकर
भाई का उठा हाथ रुक जाता
तो वह सबसे बड़ा चमत्कार होता

धीरे-धीरे हर हिंसा हमारे लिए
ईश्वर द्वारा ली जा रही परीक्षा बन गई
और दिन के बदलने की उम्मीद
बचे रहने की ताक़त
मैं ईश्वर के सहारे जीती रही
और माँ ईश्वर के भरोसे मर खाती रही

मैं बड़ी होने लगी
और माँ बूढ़ी होने लगी
हम दोनों के पास अब भी वही ईश्वर था
माँ की मेहनत का हिस्सा
अब भी भाई छीन ले जाता
और शाम होते ही पिता
पीकर उस पर चिल्लाते

वे कभी नहीं बदले
न माँ के दिन कभी सुधरे

मैंने ऐसे ईश्वर को विदा किया
और ख़ुद से पूछा
सबके हिस्से का ईश्वर
स्त्री के हिस्से में क्यों आ जाता है?

क्यों उसके पास सबसे ज़्यादा ईश्वर हैं
और उनमें से एक भी काम का नहीं?
वह जीवन-भर सबको नियमित पूजती है
फिर पूजे जाने और हिंसा सहने के लिए
ताउम्र बुत बनकर क्यों खड़ी रहती है?

ईश्वर की परछाई

माँ सुनती रही
वह जो दिखता नहीं
पर साथ चलता है
सब कहते हैं वही तो ईश्वर है
बार-बार पलटकर पीछे देखती रही
और हर बार अपनी ही परछाई को पाती रही

एक दिन उसे यक़ीन होने लगा
उसका ईश्वर ज़रूर बदल गया है
उसकी ही परछाई में
और इस तरह वह उसके साध है

पर परछाई तो सूरज का मुँह ताकती है
क्या ईश्वर भी परछाई में बदलने के लिए
ताकता होगा उसका मुँह?
सोचकर थोड़ा लजा जाती है
ईश्वर भला क्यों ताकेगा उसका मुँह?

जब तक उसकी परछाई बनतो है
वह अकेली चलती है किसी से नहीं डरती है
जैसे ही परछाई अँधेरे में खो जाती है
वह थोड़ा घबराती है

तब वह लालटेन जलाती है
और फिर से उसी परछाई को पास पाती है

माँ चकित थी उस दिन कि
जब तक उसके पास लालटेन है
उसका ईश्वर उसके पास है

लालटेन के बुझते ही बुझ जाती है परछाई
और खो जाता है अँधेरे में उसका ईश्वर भी
कितना कमज़ोर और असहाय है वह

यह ख़याल आते ही
अब वह ईश्वर की चिंता करती है
और मैंने जान लिया क्यों मेरी माँ
अँधेरे में कभी किसी ईश्वर को नहीं ढूँढ़ती है
वह उसके लिए ढूँढ़कर सबसे पहले
कोई लालटेन जलाती है।

डर जो ग़ुलाम बनाता है

आख़िर क्यों आदमी
भगवान ढूँढ़ने जाता है?
कौन-सा डर है
जो उसे इतना डराता है?

दो जून की रोटी जुगाड़ न कर पाने का डर
पढ़-लिख रही दुनिया में
अपने बच्चों के अनपढ़ रह जाने का डर
अंधकार में डूब रहे सूरज की तरह
जीवन में उम्मीद की
कोई किरण न दिखाई पड़ने का डर
पीछे छूट जाने का डर
सीलन-भरे कमरे में बीमार पड़
चुपचाप मर जाने का डर

इन मुसीबतों के बीच
वो चार लोग जो आस-पास रहते हैं
उनसे बिगाड़ का डर
जो बच गई थोड़ी-सी इज़्ज़त है
उसके खो जाने का डर

जब बच्चे स्कूल जाने लगें तो
उनके सवालों का जवाब न दे पाने का डर

और सबसे बड़ा डर
अपने सवालों के लिए लड़ न पाने का डर

डरे हुए लोगों की भीड़ में
यही डर तेज़ी से
पहचान बनाने की भूख बढ़ाता है
और एक दिन अंधी दौड़ में भाग रहे
ऐसे लोगों को ही कोई धर्म
किसी गुंबद के ऊपर चढ़ा देता है
फिर कोई प्रार्थना-स्थल तोड़कर पहचान बनाता है
कोई मॉब लिंचिंग करता हुआ जाना जाता है
कोई ट्रोल करते हुए अपनी भूमिका निभाता है
आख़िर किसी देश को कौन ग़ुलाम बनाता है?

एक डर जो धीरे-धीरे आदमी को खाता है
वही डर उसे धर्म का ग़ुलाम बनाता है
वही डर उसे मन्दिर, मस्जिद
और गिरजाघर की ओर ले जाता है
वही डर
आदमी को आदमी से नफ़रत करना सिखाता है
और कितना अजीब है
इसी डर से मुक्ति के नाम पर धर्म
सदियों तक अपना अस्तित्व बचाए रखता है

देख लीजिए दुनिया में चारों ओर
जहाँ भी वह डर ख़त्म हो जाता है
वहाँ सारे के सारे प्रार्थना-स्थल
किसी दर्शनीय स्थल में बदल जाते हैं
लोग वहाँ भगवान की पूजा करने नहीं
मज़दूरों की कारीगरी, मेहनत, उनकी कल्पना
और अद्‌भुत भवन-निर्माण की कला देखने आते हैं।

देवता को क्यों फ़र्क़ नहीं पड़ता?

देवता जिसे सिर्फ़ कुछ लोगों ने
अपना तारणहार मान लिया है
वह सबके विकास की बात तो करता है
पर बना रहता है उन्हीं कुछ लोगों का देवता
और निर्दोष आदमियों के मारे जाने से
उसे कोई ख़ास फ़र्क़ भी नहीं पड़ता

दरअसल वह आदमी को नहीं पहचानता है
वह सिर्फ़ रंग, धर्म और कपड़ों के बारे में जानता है
उसके पास आँखें नहीं हैं
इसलिए सूँघ-सूँघकर अपना क़दम बढ़ाता है
वह जिस फूल पर सवार होकर आता है
उसके खिलने के लिए पानी नहीं रक्त चाहिए
इसलिए जिधर से आती है दंगों की गंध
वह उधर ही दौड़ा चला जाता है

युद्ध उसे बहुत प्रिय है
वह हिंसा से नहीं घबराता है
इसलिए लोगों की लाश पर अपना
कोई भव्य महल बनाना चाहता है

पर आज महल बनाने वाले कारीगर
विश्वविद्यालय के बच्चे

औरतें और बूढ़े
निकल आए हैं सड़कों पर
ऐसे देवता और उसकी व्यवस्था को ख़ारिज करने
और जहाँ आदमी आदमी की परवाह करे
ऐसा कोई समाज गढ़ने।

मनुष्यों का देवता

वह जो देवता होना चाहता था
लोगों ने अपनी मुक्ति के लिए
एक दिन सचमुच उसे
अपना देवता बना लिया

पर देवताओं ने कब सबकी मुक्ति चाही है?
वे पूरे इतिहास में
कुछ लोगों के साथ
बाक़ियों के ख़िलाफ़
लड़ते रहे हैं एक ही तरह का युद्ध
और हर बार लोग चढ़ाते रहे हैं
युद्ध में उनकी जीत के लिए
किसी न किसी आदमी की बलि

अब देवता
युद्धभूमि से उठकर
राजनीति में आ गया है
पर बदले समय में भी नहीं बदला
बड़ा तो हुआ पर व्यापक न हो सका
अब भी वह राजनीति में
कुछ लोगों के साथ
और बाक़ियों के ख़िलाफ़ है

देवता भला
क्यों सबका भला नहीं चाह पाता?
क्यों कुछ के लिए चाहता है अभयदान
और बाक़ियों से माँगता है बलिदान?

वह आख़िर किसका देवता है?
जो मनुष्यता ही नहीं जानता
वह मनुष्यों का देवता
कैसे हो सकता है?

पूजा-स्थल की ओर ताकता देश

जिस देश के भीतर देस
भूख, ग़रीबी, बीमारी से मरता है
और देश अपने बचे रहने के लिए
किसी पूजा-स्थल की ओर ताकता है
तब असल में वह अपनी असाध्य बीमारी के
उस चरम पर होता है
जहाँ ख़ुद को सबसे असहाय पाता है

ऐसा असहाय देश
अपनी बीमारी का ईलाज
अगर किसी पूजा-स्थल में ढूँढ़ता है
तब उसे अपने ही हाथों
मरने से कौन बचा सकता है?

सभ्यताओं के मरने की बारी

ऑक्सीजन की कमी से
बहुत-सी नदियाँ मर गईं
पर किसी ने ध्यान नहीं दिया
कि उनकी लाशें तैर रही हैं
मरे हुए पानी में अब भी

नदी की लाश के ऊपर
आदमी की लाश डाल देने से
किसी के अपराध पानी में घुल नहीं जाते
वे सब पानी में तैरते रहते हैं
जैसे नदी के साथ
आदमी की लाशें तैर रही हैं
मरे हुए पानी में अब भी

एक दिन जब सारी नदियाँ
मर जाएँगी ऑक्सीजन की कमी से
तब मरी हुई नदियों में तैरती मिलेंगी
सभ्यताओं की लाशें भी

नदियाँ ही जानती हैं
उनके मरने के बाद आती है
सभ्यताओं के मरने की बारी।

जब कुछ महसूस नहीं होता

पहले मिट्टी, पानी, पेड़ मारे गए
किसी ने कुछ महसूस नहीं किया

जिन्हें कुछ महसूस नहीं होता
वे बहुत पहले मर चुके होते हैं

बाद में वे सिर्फ़ दफ़नाए जाते हैं।

मैं देशहित में क्या सोचता हूँ?

मैं एक साधारण-सा आदमी हूँ
व्यवसाय करता हूँ
रोज़ अपने फ़्लैट से निकलता हूँ
और देर रात फ़्लैट में घुसता हूँ
बाहर पहरा बिठाए रखता हूँ

टीवी देखता हुआ सोचता हूँ
कश्मीर में सभी भारतीय क्यों नहीं घुस सकते ?
अच्छा हुआ सरकार ने 370 हटा दिया
और ये आदिवासी इलाक़े?
ये क्या बाहरी-भीतरी लगाए रखते हैं?
वहाँ भी सभी भारतीय क्यों बस नहीं सकते?

मैं तो दलितों को जाहिल
और आदिवासियों को जानवर समझता हूँ
मुस्लिम और इसाई को देशद्रोही
और इस देश से इन सबकी सफ़ाई चाहता हूँ

मैंने कभी जीवन में
गाँव नहीं देखे, बस्ती नहीं देखी
झुग्गियाँ नहीं देखीं, जंगल नहीं देखे
मैं किसी को भी ठीक से जानता नहीं
मुठ्ठी-भर लोगों को जानता-पहचानता हूँ

जिन्हें मैं भारतीय मानता हूँ
और चाहता हूँ
ये भारतीय हर जगह घुसें
और सारे संसाधनों पर क़ब्ज़ा करें

देशहित में यही सोचता हुआ
अपने फ़्लैट में घुसता हूँ
बाहर पहरा बिठाए रखता हूँ
मेरे सुकून और स्वतन्त्रता में दख़ल देने
यहाँ कोई घुस न पाए
इस बात का पूरा ध्यान रखता हूँ ।।

तलवार में तब्दील होता आदमी

तलवार में तेज़ी से
तब्दील किए जा रहे हैं आदमी
और धरती से
सारी छोटी सुइयाँ
धीरे-धीरे ग़ायब हो रही हैं

तलवार में तब्दील होता आदमी
काट सकता है
आदमी का ही गला
धरती देश जानवर स्त्री
किसी भी बहाने

पर इस धरती को चाहिए
छोटी-छोटी हज़ारों सुइयाँ
उन्हें सँभालकर पकड़ने वाले कोमल हाथ
और कटी-फटी जगहों को
देख सकने वाली आँख
जो चिथड़े हो रहे सभ्यता के कपड़ों को
फिर से सिल सकें
और बचा सकें
धरती पर धरती की लाज।

जुगाली करते लोग

हत्यारे उजाले में हत्या कर चुपचाप
अँधेरे की ओर भाग जाते हैं
किसान खेतों में धान छींटकर
अँधेरा होने से पहले चुपचाप
घर के दीये की ओर लौट आते हैं

मगर ये अँधेरे और उजाले
दोनों ही जगह बैठे लोग
कौन हैं
जो दिन-रात सिर्फ़ अपना मुँह चलाते हैं?
जहाँ ज़रूरत हो वहाँ
एक ईंट न नवनिर्माण में लगाते हैं
पर खड़े-खड़े तमाशा देखते हैं?
घर किसी का भी जले
चुपचाप रोटी सेंकते हैं?

अँधेरे और उजाले दोनों ही जगह बैठे
आख़िर ये कौन लोग हैं
जो दिन-रात सिर्फ़ जुगाली करते हैं?
ये सबके सब
हर हत्या में अदृश्य रूप से हैं शामिल
जो मुँह कुल्लाकर अपने दाँत साफ़ दिखाते हैं
हर पागुर को

समाज के हित में किया काम बताते हैं

यह शहर एक भ्रम देता है
जुगाली को भी काम बताता है
और काम करने वालों का
बारी-बारी से क़त्ल कर आता है

इस बीच हत्यारे
एक और हत्या कर निकल जाते हैं
और जुगाली करने वाले बैठकर एक साथ
एक स्वर में मुँह चलाते रह जाते हैं
फिर जब थक जाते हैं
सब बातों पर चद्दर तान चुपचाप
अँधेरे में सो जाते हैं।

हमने तो जूते पहन रखे हैं

मेरे नंगे पैर देख उन्हें बहुत तरस आया
वे जो जूते पहनने के अभ्यस्त हैं
एक स्वर में बोले
ओह! कितने अभागे! कितने असभ्य!

पर मुझे उन पर तरस आया
क्योंकि जूते पहनने के अभ्यस्त लोग
यह कभी नहीं जान सकते
कि उनके पैरों तले की ज़मीन कैसी है

क्या वह साँस ले रही है?
ठीक से जी रही या दम तोड़ रही है?
कहीं उसे बुख़ार तो नहीं?
या क्यों वह ठंडी पड़ी रहती है?
क्या वह उदास है?
क्या उसे ज्वर है?

वह पुकारती है
कहाँ हैं नंगे पैर चलने वाले किसान?
वे ही तो हैं माटी के डॉक्टर
वे उसकी नाड़ी छूकर देखते और बतलाते हैं
कि उसे आख़िर हुआ क्या है

मगर इससे पहले कि वे कुछ बताएँ
जूते पहनने वाले लोग उन्हें
उनकी ज़मीन से बेदख़ल कर देते हैं
अपने बूटों के नीचे धरती को कुचल देते हैं

हर तरह के नशे के बाद वे उठते हैं
और फेंक आते हैं तेज़ाब उसके चेहरे पर
फिर सारी निशानियाँ छिपाने के लिए
गन्दी करतूतों के पैरों में जूते डाल देते हैं

धरती को क्षत-विक्षत करने वाले ये जूतेधारी
अपनी ही फैलाई गन्दगी में
जबरन जीने के लिए धकेल देते हैं
उन नंगे पैर वालों को
और चुप रहते हैं अपने सारे कारनामों पर
जो दबे हैं उनके जूतों के नीचे

उजाले में शान से निकलते हुए
इन गंदगियों पर वे नाक-भौं सिकोड़ते हैं
और नंगे पैर वालों को अभिशप्त बताते हैं
यह पूछने पर कि
क्या हुआ है धरती के साथ?
बड़ी सफ़ाई से कहते हैं
हमें नहीं पता
हमने तो जूते पहन रखे हैं।

राजनीति की सड़क पर

बलात्कारियों ने अपने लिंग को
किसी धारदार हथियार में बदल लिया है
वे इसके साथ निकल रहे हैं
और स्त्री की देह के साथ-साथ
उसकी आत्मा को रेत रहे हैं
समाज जिसने उन्हें बचपन से धार दी है
वह अपने हाथ की करतूतों की शिनाख़्त नहीं चाहता
चौराहे पर सिर्फ़ कोई सज़ा माँगता है

अब यह लिंग
धीरे-धीरे बन्दूक़ों में तब्दील हो रहा है
इसके ज़रिए एक साथ
किसी ख़ास समुदाय का बलात्कार किया जाएगा
उसकी देह के साथ उसकी आत्मा को तोड़ा जाएगा
और बलात्कार के ख़िलाफ़ खड़े लोगों को
चौराहों तक समेट दिया जाएगा

वह कौन है जिसका मुँह
हमेशा कुछ ज़्यादा खाने को खुला रहता है
और जो झपट्टा मारने के लिए अपने पंजे को
अलग-अलग तरीक़े से धार देता रहता है
अनाज का स्वाद किसे सीठा लगने लगा है
और कौन है जो अब

धरती की पूरी कोख खाना चाहता है
वह कौन है जो पूरी निष्ठा से
अपनी जीभ के साथ
सबकी लार की भी चिंता कर रहा है

उसने स्त्री की कुचली आत्मा को
राजनीति की सड़क पर लिटा दिया है
सबूतों को कहीं झाड़ियों में छिपा दिया है
और हत्यारों की आर्थिक स्थिति ठीक करने में
जी जान से जुटा हुआ है
उसने सज़ा की माँग करती
चौराहों पर चीख़ती तख़्तियों को
अपने लिए किसी ढाल में बदल लिया है
और इस ढाल के पीछे उसका चेहरा छिप गया है

वह चिल्लाकर आश्वासन दे रहा है
धीरज रखिए...
किसी को नहीं छोड़ा जाएगा
अपनी पूरी ताक़त के साथ
किसी समुदाय के बलात्कार के बाद
वह आपकी माँगों की ओर मुख़ातिब होगा।

खेलते हुए जिया

बहुत छुटपन में खेलते हुए
पड़ोसी के बच्चों के साथ
धूल में हमने दाल-भात बनाए
खेल-खेल में हम स्कूल कॉलेज गए
वहाँ मित्र बनाए
इतनी-सी उम्र में कोई प्रेमी ढूँढ़ लाए
कुछ ही देर बाद हमने शादी रचाई
और पति-पत्नी में बदल गए
कपड़े के गुड्डे-गुड़िया बन गए हमारे बच्चे
और माँ-बाप बनते हुए
हम धीरे-धीरे होने लगे बूढ़े

हमने जी बार-बार
एक ही ज़िन्दगी में कई ज़िंदगियाँ
और खेलते हुए निकल आए
जात धर्म रंग के मसले से बहुत आगे

एक दिन हम बड़े हुए और देखा
यह दुनिया हमारी नहीं थी
यहाँ हर आदमी
जात धर्म रंग के साथ-साथ
मांस और कपड़ों के बीच फँसा हुआ था

हम फिर से बच्चा बन जाना चाहते थे
मगर भीड़ ने बचपन को कुचल दिया था
लौटने की कोई राह नहीं
और बचपन के बिना बच्चा होने का अर्थ नहीं
इसलिए हम रोज़ बच्चे-सा मन लेकर अब
बड़े बने रहने का नाटक करते हैं।

ज़िन्दा कहलाता हुआ

मेरी आँखें देख सकती हैं
सारे भयावह दिन
और मेरे कान सुन सकते हैं
चीख़ें
मेरे होंठ आधे सिले हैं

आधे खुले होंठों से मैं
क्या बोलूँ कितना बोलूँ
पक्ष में बोलूँ या विपक्ष में
गुज़र जाती है रात इसी में
और सुबह सिर
भारी-भारी सा लगता है

चौराहे पर निकले जुलूस में
शामिल होने की सोचती हूँ
कि दिख जाती हैं हज़ार बेड़ियाँ
नौकरी बच्चे पति की हिदायतें

मैं रसोई में खाना बनाते बुदबुदाती हूँ
खिड़की से पड़ोसन को सुनाती हूँ
हम्म...बहुत बुरा हुआ
उस लड़की के साथ
है न?

फिर बेटी की तरफ़ देखती हूँ

पति की हिदायतें गूँजती रहती हैं
कमरे में यहाँ से वहाँ सारे दिन

"तुम चुपचाप अपना काम करो
इन बातों में पड़ने की ज़रूरत नहीं"

देह के बहुत से तंत्र धीरे-धीरे
इस तरह भी मर रहे
भावशून्य होकर
या अभ्यस्त
भयावह दिन देखते हुए
चुपचाप अपना काम निपटाते हुए

देश के बहुत से तंत्र
इस तरह भी
मर रहे हैं धीरे-धीरे
भावशून्य होकर
या अभ्यस्त
भयावह दिन देखते हुए भी
चुपचाप अपना काम निपटाते हुए

जैसे लकवा मार जाता हो
पर आदमी बचा भी रहता हो
देखता हुआ सुनता हुआ
ज़रूरत-भर फुसफुसाता हुआ
आधा मरा हुआ फिर भी
ज़िन्दा कहलाता हुआ।

सफ़ाई और सपनों पर बहस

भीतर और बाहर की गन्दगी बढ़ चुकी है
और बीमार भीड़ का अनियंत्रित दस्त
दंगों-सा पूरे शहर में फैल रहा है
दुर्गंध से भरा हुआ
आम आदमी का जीवन नरक करता हुआ

इसे रोकने की ज़िम्मेदारी जिन पर है
वे ख़ुद दंगों की पुरानी फ़सल हैं
और स्वच्छता पर बहस करना उनकी पुरानी आदत है
पर उनकी बहस का विषय बीमारी कभी नहीं रही
न ही बीमार भीड़ का अनियंत्रित दस्त
जो पूरी देह को धीरे-धीरे कमज़ोर करता है

वे लम्बे समय से इस ताक में हैं
कि सफ़ाई के बहाने इस पृथ्वी पर
किनकी सफ़ाई की जा सकती है?
वे कुछ लोगों को पूरी तरह साफ़ करना चाहते हैं
और इस पर भी उनका पूरा ध्यान है
सफ़ाई के तरीक़ों पर जो सवाल उठाएगा
हर वह आदमी तरीक़े से कैसे किनारे लगाया जाएगा!

रोज़ाना जीवन से जूझते लोग तड़पकर पूछते हैं
"साहेब! इस बीमारी से शहर की देह जल रही है

आदमी बदहाल है कुछ कीजिए..."
वे चिल्लाकर कहते हैं
"जिसने यह बीमारी फैलाई है
हम उस आदमी को ढूँढ़ रहे हैं..."

डॉक्टर कई बार कह चुके हैं
साहेब! ये भीतर और बाहर की गन्दगी
इस बीमारी की जड़ है
ज़हर शहर की नसों में उतर आए
इससे पहले इस बीमारी का इलाज कीजिए
वर्ना इस देह को रसातल में जाने से
कोई नहीं बचा सकता
वे डॉक्टर को देहद्रोही बताते हैं

शहर की नसों में ज़हर फैलता ही जा रहा है
और वे लगातार
सफ़ाई और सपनों पर बहस कर रहे हैं।

जब वह प्यार करता है

एक साधारण-सा आदमी
जब किसी के प्रेम में होता है
वह उसकी हर बात से प्रेम करता है
उसके बोलने से, चुप रहने से
उसकी हँसी, उदासी, ख़ुशी से
हर उस चीज़ से प्रेम करने लगता है
जिससे उसे ज़रा-सा भी प्रेम हो

पर ऐसा क्या हो गया है इन दिनों
जब कोई दावा कर रहा होता है कि
वह किसी से प्यार करता है
वह आदमी इस बात से डरता है
डरता है कि
जब भी कोई प्रेम का दावा करता है
कोई न कोई मारा जाता है

देखता है
जिसने कहा स्त्री से प्रेम है
वह मारी गई
कहा बच्चियाँ सुरक्षित होनी चाहिएँ
वे तेज़ी से बलात्कार की शिकार हुईं
कहा नदियाँ साफ़ होंगी
वे और गन्दी कर दी गईं

कहा पेड़ बचाए जाएँगे
जंगल लकड़हारों को सौंप दिए गए
कहा प्रकृति से प्रेम है
वह और विकृत कर दी गई
और वह ख़ुद क्या करता रहा?
हत्यारों के साथ मिलकर हँसता रहा

अब जब कुछ लोग
चिल्ला-चिल्लाकर कह रहे हैं
कि वे इस देश से प्यार करते हैं
तब वह आदमी फिर डरता है यही सोचकर कि
इस प्रेम की आड़ में अब
वे इस देश के साथ क्या-क्या करेंगे?
किसके हाथों इसे बेच आएँगे?
किसके प्रति नफ़रत फैलाएँगे?
किसकी हत्या करवाएँगे?

एक साधारण-सा आदमी
किसी को जब भी चाहता है
बहुत कोशिशों के बाद भी
उसे बता नहीं पाता है
कि वह उससे प्रेम करता है

आज वह हर उस आदमी से डरता है
जो चिल्ला-चिल्लाकर सड़क पर कहता फिरता है
कि वह इस देश से प्यार करता है।

अपने पिता को माफ़ न कर सके

हिटलर की मौत के बाद भी लम्बे समय तक
कई घरों में छिड़ी रही एक लम्बी लड़ाई
जहाँ चुप रहने और विरोध न करने के लिए
कई बच्चे अपने पिता को नाफ़ न कर सके
वे माफ़ न कर सके उन प्ड़ोसियों को भी
जो बन्द रहे अपने घरों में चुप
दूसरों के लिए सड़कों पर न निकल सके

एक दिन युवा सड़कों पर उतरे
अपने पिताओं और पड़ोसियों के
चुप रहने, प्रतिरोध न कर पाने का प्रायश्चित करने
जिनके लिए उनके पिता न लड़ सके
विश्वविद्यालयों से उनके बच्चे बाहर निकले
मारे गए लोगों को उनका हक़ दिलाने

और फिर एक दिन
जहाँ युद्ध में ढह गया था
हिटलर का पुराना दफ़्तर
युवाओं की माँगों ने ठीक उसी जगह
मारे गए हर आदमी के नाम का
पत्थर की सिल्लियों वाला विशाल स्मारक बनवाया

कुछ लोगों ने मिलकर हर उस घर को ढूँढ़ा
जहाँ मारे गए लोगों में से कभी कोई रहता था

फिर ऐसे हर घर के सामने
उनके नाम की लोहे की प्लेट लगवाई
और फिर से उनकी यादों को ज़िन्दा करवाया

एक आदमी जिसे जर्मनी ने पहले प्यार किया
फिर उसी आदमी से नफ़रत भी की
जिसने देश को पूरी तरह गर्त में पहुँचाया
आज ठीक वैसा ही एक आदमी
जगह और समय बदलकर
एक-सी घटनाओं के साथ फिर नज़र आया

इससे पहले कि वह आदमी
फिर से किसी देश को गर्त में ले जाए
इससे पहले कि पीढ़ियों को सदियों तक
उसके पापों का प्रायश्चित करना पड़े
इससे पहले कि बच्चे अपने पिताओं
और पड़ोसियों को
चुप रहने और प्रतिरोध न करने के लिए
कभी माफ़ न कर सकें
उस आदमी में बसे हिटलर को
पूरी ताक़त के साथ
उसकी असली जगह दिखा देनी चाहिए।

मैं डरा हुआ आदमी हूँ

बड़ा होने का मतलब व्यापक होना नहीं होता
मैं राजा होने का सारा अहंकार लेकर
तुम्हारे सारे प्रतिरोध के ख़िलाफ़
अड़ा रहूँगा खड़ा रहूँगा

अड़ा रहूँगा इसलिए कि झुक गया
तो ताउम्र यही एक अहसास
मुझे भीतर ही भीतर खाता रहेगा
मैं छटपटाता रहूँगा
सारी रात सो न सकूँगा
बताओ, ख़ुद का सामना फिर कैसे करूँगा?

सच जब पूरी ताक़त के साथ
इस तरह सड़क पर खड़ा हो जाए
तब मैं जानता हूँ
मेरे भीतर का झूठ गड़बड़ाने लगता है
बोलना चाहता है पर हकलाने लगता है
पूरी जद्दोजहद से काँपते हुए कुछ चिल्लाता है
पर ख़ुद ही नहीं समझ पाता, क्या बोल जाता है

इन दिनों मुझसे ज़्यादा कौन जाने
कितना कठिन होता है ख़ुद से लड़ना
मैं इस तरह अपने भीतर

ख़ुद से हार नहीं सकता
ख़ुद के ही सच से
ख़ुद के झूठ को मार नहीं सकता
इसलिए मैं तुम्हारे सारे प्रतिरोध के ख़िलाफ़
लम्बे समय तक
अड़ा रहूँगा, खड़ा रहूँगा

मैं ख़ुद के साथ तुम सबकी बर्बादी हूँ
तुम क्या जानो, मैं इस युग का
सबसे डरा हुआ आदमी हूँ।

बेईमानी का ब्याज कौन खाते हैं?

आजकल हम आदमी कम रह गए हैं
लगता है जैसे दूरबीन में बदल गए हैं
दूर अपने भवन से ही देखते हैं
और सबको
उनके कपड़ों से पहचान लेते हैं
न्याय का मतलब
'अपनों' का न्याय भर समझते हैं
चारों ओर जानवर छोड़कर रखते हैं
और उन्हें ही मनुष्य बताते हैं

पर सच तो यह है
हम जिस ज़मीन पर खड़े हैं
वह ज़मीन हमारी नहीं है
हमारे पूर्वजों ने यह सब
यहीं के मूल लोगों की हत्या कर
उन्हें जंगलों में खदेड़कर हथियाया है

हमारे पूर्वजों ने पीढ़ी-दर-पीढ़ी जिन्हें
बँधुआ मज़दूर बनाया है
हम जानते हैं कि
इस देश को उनके ही श्रम ने बचाया है
हम सारा इतिहास जानते हैं

तब भी जबरन यहाँ से वहाँ तक
उनके ही हक़ पर पसरे रहते हैं

वक़्त बदला हो पर हम
खुलकर सबके हक़ की बात नहीं कर सकते हैं
कल हमसे भी माँग लिया लोगों ने हिसाब
कह दिया ज़मीन का खतियान लाओ
उससे भी आगे जाओ
जाकर डीएनए चेक कराओ
तब क्या होगा, इस बात से डरते हैं
चुप रहते हैं, ज़रा बचकर निकलते हैं

किसी का हक़ मारने की कला हमसे सीखें लोग
दावे के साथ कहते हैं, हम ही बता सकते हैं
इसलिए कि अपने बाप-दादा की
बेईमानी का ब्याज हम ईमानदारी से
आज भी खाते हैं
और बेशर्म इतने हैं कि
इसे अपना हक़ बतलाते हैं।

कौन मुझ पर राजनीति करता है?

मेरे पड़ोस में जो लोग रहते हैं
वे जीते हैं या मरते हैं
मैं ठीक-ठीक नहीं जानता
दरअसल मुझे कोई फ़र्क़ भी नहीं पड़ता

मैं रोज़ सुबह दफ़्तर जाता हूँ
शाम घर लौटता हूँ
चौक पर पुराने दोस्त मिल जाएँ
तो बतियाता हूँ
बस यही एक ज़िन्दगी रोज़ जीता हूँ

वैसे, यदि पाकिस्तान, अफ़ग़ानिस्तान, बाँग्लादेश से
लोग आ ही जाएँ
और मेरे पड़ोस में आकर बस जाएँ
तब मैं क्या करूँगा?

शायद मैं कुछ दिन ख़ुश होऊँगा
फिर मुझे इससे कोई फ़र्क़ नहीं पड़ेगा
कि मेरे पड़ोस में कौन रहता है
वह जीता है या मरता है

कल उनकी किच-किच से यदि मेरी नींद ख़राब हुई
तो उठकर सबसे पहले मैं ही चिल्लाऊँगा

कि जहाँ से आए थे कमबख़्त वहीं चले जाएँ
मेरे पेट पर लात मारने इधर क्यों चले आए

मैं महसूस करता हूँ
भीतर
मेरा मन मेरे साथ राजनीति करता है
और मैं असहाय
उसके ख़िलाफ़ लड़ नहीं पाता हूँ

बाहर
सत्ता में बैठा आदमी भी
मुझ पर राजनीति करता है
और मैं असहाय
कुछ समझ नहीं पाता हूँ
मैं कुछ समझ पाऊँ
कि कौन, किस तरह, कब
मेरा शिकार करता है
इससे पहले ही मैं
मार दिया जाता हूँ।

सिंहासन की जाति क्या होती है?

जब जनता यह जानती थी
सारे दुष्ट राजा एक दिन नरक जाएँगे
तब वह उनके हारने, जीतने पर
कोई शोक या ख़ुशी नहीं मनाती थी
बल्कि अपने जीवन में
और ज़्यादा भली बनी रहती थी

एक दिन उन्हें समझाया गया
राजा जो अपनी जाति का हो
वह दुष्ट नहीं हो सकता
फिर क्या
सिंहासन पर जिस जाति का राजा बैठा
उस जाति के लोग ख़ुशी मनाने लगे
यह सोचे बिना
कि राजा की भले कोई जाति होती हो
पर सिंहासन की जाति क्या होती है?

सिंहासन की तो शर्त होती है
कि उस पर बैठते ही हर राजा
सबसे पहले, सबके लिए
भला और न्यायी हो

आज मैं समझती हूँ
राजा मेरी ही जाति का क्यों न हो
अगर वह मेरे पड़ोसियों की
हत्या की व्यवस्था करता हो
जिनके भरोसे मैं बच्चों को छोड़, दफ़्तर जाती हूँ
जिनके साथ दुःख और सुख बाँटती हूँ
तब मैं ऐसे राजा के ख़िलाफ़ बोलूँगी

अगर वह जाति और जानवर के नाम पर
भले आदमियों को ख़त्म करना चाहता हो
और अपराधियों को शरण देता हो
तब मैं ऐसे राजा के ख़िलाफ़ बोलूँगी

अगर वह मनुष्य जीवन की गरिमा को
गर्त में ले जाता हो
और आग में जल रहे एक देश को
चाँद पर पानी मिल जाने पर
गर्व करने को कहता हो
तब मैं ऐसे राजा के ख़िलाफ़ बोलूँगी

मैं ऐसे हर उस राजा के ख़िलाफ़ बोलूँगी
जो मेरे नाम पर
इंसानों की हत्या कर सकता है
ऐसा राजा, भला इंसान कैसे हो सकता है?

मरे हुए लोग

नाज़ियों के हाथों मरने से पहले
लाईन में खड़े
अपनी मौत का इन्तज़ार करते लोग
पहले से ही मरे होने का नाटक करते
मौत उन्हें मरा जान
आगे बढ़ जाएगी यह सोचकर

वह समय उलट गया हो जैसे
पहले से ही मर चुके लोग अब
ज़िन्दा होने का नाटक करते हैं
जब ठीक उसी समय उनके सामने
एक आम आदमी
जाति धर्म रंग और अपनी नस्ल के कारण
मारा जाता है...

चीख़ें सुनने वाली भीड़
एक लाश को लाँघती हुई
किसी लाश की तरह
दफ़्तर की ओर चल देती है
और हत्यारा मरी हुई भीड़ को
चीरते हुए निकल भागता है

एक दिन वह लौट आता है
ख़ून से अपने रँगे हाथ धोकर
और इसी भीड़ से वोट माँगता है

वह जानता है यह भीड़
जीवित बच जाने भर के लिए
रोज़ाना जद्दोजहद करती है
ख़ुद के बचे रहने के लिए चुप रहती है
और भीतर से मर चुके लोगों को
चुनाव में अपने लिए चुन लेती है

एक दिन वह
लौटकर इसी भीड़ को चलाता है
और यह सोचकर मुस्कुराता है
कि ये चलते-फिरते मरे हुए लोग हैं
इन्हें भला कब क्या याद रहता है?

तुम्हारे प्रायश्चित का समय

आँखें सारे वीभत्स दृश्य देखने की
अभ्यस्त हो चुकी हैं
इसलिए उनकी माँग है अब
कानों को कुछ मधुर सुनाया जाए
मेरे पास बहुत खा चुकने के बाद
डकार मारते लोगों को सुनाने के लिए
भूख पर कोई अच्छी कविता नहीं है
न भावशून्य चेहरों की चमक के लिए
कोई जादुई कविता पैदा करने की चाहत

कविता मेरी आँख की पुतलियों से
सारे भयावह दृश्य माँग लेती है
और शब्दों को पत्थर-सा लपेट
गुलेल की तरह तुम्हें मारती है
यह कहते हुए कि
जिस जगह पर तुम्हारा घर है
वहाँ तुम्हारे पूर्वजों ने
हत्याओं के बाद हथियार गाड़ रखे हैं
और ठीक तुम्हारे शयनकक्ष के नीचे
किसी की क़ब्र है
उनके वंशज तुम्हारे दरवाज़े पर खड़े हैं
और यह तुम्हारे प्रायश्चित का समय है।

भले की बात करते हुए

अब नहीं घुसते वे
तुम्हारे समुदाय के भीतर
बर्बर तरीक़े से
तलवार चलाते हुए
वे घुसते हैं तुम्हारे भीतर
तुम्हारे ही
भले की बात करते हुए

भले की बात करते-करते
कर देते हैं
तुम्हारे साथियों की हत्या
भले की बात करते हुए
तुम्हारी ज़मीन से तुम्हें करते हैं बेदख़ल
भले की बात करते हुए
शहरों की ओर खदेड़ते हैं तुम्हें
जहाँ आदमी से ज़्यादा हैं जानवर
जंगल के जानवर भी जब सूँघ लेते हैं
उनके मुँह से रिसती बदबूदार लार
उनके भी भले की बात करते हुए
फेंक आते हैं उन्हें
चिड़ियाघर के उस पार

भले की बात करते-करते ही
तुम्हें पिलाते हैं ख़ूब शराब
और तुम्हारी ज़मीन पर
लिख आते हैं अपना नाम
घुस जाते हैं एक दिन
तुम्हारे घर में

तुम्हारी लड़की के
भले की बात करते-करते
फिर कर देते हैं उसका बलात्कार
भले की बात करते-करते
वे तुम्हारे ही भाई के हाथों में
चुपके से चाक़ू रख जाते हैं
और अदृश्य रहकर
धीरे-धीरे रेतते हैं
तुम्हारे भरोसे का गला

वे यह सब करते हैं
तुम्हारे भले की बात करते हुए
तुम्हें सभ्य बनाने की बात करते हुए
तुम्हारे ही उत्थान की बात करते हुए
ऐसे ही हो रहे तुम पर प्रहार
यही है इस समय का
सबसे बड़ा हथियार।

मेरे लिए लड़ने वाले

मेरी आवाज़ कई गलों से
एक साथ निकल रही है
मेरे लिए कई लोग लड़ रहे हैं
ठीक-ठीक जिन्हें मैं अभी
जानता भी नहीं

धुँधला-सा कोई चेहरा
याद है मुझे शायद
कई साल पहले
किसी बरसात में दिखा था जो
भटककर आया इधर मेरे गाँव
किसी कहानी की तलाश में
फिर दूर से ही सुनता रहता हूँ
आवाज़ उसकी मेरे ही हक़ में

मेरे हक़ में सब बोल रहे
बढ़ती जा रही तादाद भी
रफ़्तार भी
पर मेरा जीवन नहीं बदल रहा
सबकी रोटियाँ अच्छी पक रहीं
मैं वहीं पड़ा हूँ उसी हाल में

कितनी अजीब बात है न
मेरे हक़ में बोलने वाले
हर पाले में खड़े हैं
मेरे साथ भी
और मेरे ख़िलाफ़ भी

अलग-अलग तरह के हथियारों के साथ
खेलते हैं दोनों तरफ़ से खेल
और लड़ाई में दोनों तरफ़ से
जीतता है एक ही आदमी
और हार जाता हूँ हर बार बस मैं ही।

नहीं आए वे

मर रही है
कोई आदिम भाषा
हथियारों से लैस वे
नहीं आए उसे बचाने
व्यस्त रहे चुराने में
उसके गले से अद्भुत हार
उसके कानों से बालियाँ
उसकी छाती से गोदने

मर रहे हैं
आदिम लोग
हथियारों से लैस वे
नहीं आए उन्हें बचाने
व्यस्त रहे चुराने में
अधखुली आँखों से उनके
सपनों की कलाकृति
घर की दीवारों से
उनकी चित्रकारी
बर्तनों से नक़्क़ाशी
उनके हाथों से हुनर
जंगल से पेड़ और
पेड़ों से उनकी जान

कर दिया है घोषित उन्होंने
उनके वर्तमान को अतीत
लिख दिया है यूँ तो
हर जनजातीय संग्रहालय में
"कोई किसी चीज़ को हाथ न लगाए"
पर ठीक उसके बाहर
ले रखी है पूरी आज़ादी
ज़िन्दा जीवन को उनके
ध्वस्त करने और उजाड़ने की।

इस समय की कला

माँ ने नहीं देखी
कोई विशाल चित्रकारी कभी
पर उन्हें ही देखकर
किसी विशाल चित्र में
चौंक जाती हूँ मैं
कभी किसी मॉडर्न आर्ट में वह
टुकड़ों में बिखरी होती है
और सारे टुकड़े जोड़कर भी
मैं नहीं समझ पाती जिसका अर्थ

गाँव की स्त्रियाँ जीवन्त रहती हैं हमेशा
जीवन के कैनवास में
सच्चे रंगों को भरने की
हर संभव कोशिश करती
मगर हज़ारों आँखें देखती हैं
वही कोशिश किसी ख़ूबसूरत चित्रकारी में
चकित होती हैं सराहती हैं
मगर उन स्त्रियों को नहीं
जो जीती हैं तस्वीर के बाहर
उनको जो हर दिन
दुनिया के विशाल कैनवास पर
टँगी रहती हैं चुपचाप

बोलती हुई स्त्रियाँ चित्र से
निकल आती हैं बाहर
उतर आती हैं दीवारों से
मगर चुप रहने वाली
स्त्रियों की चित्रकारी ही
बताई जाती है बेहतरीन
चुकाई जाती है क़ीमत
उनकी चुप्पी की
चित्र के भीतर और बाहर
दोनों तरफ़

घास की कटाई करती मशीनें
सुबह काट जाती हैं चुपचाप
खेतों में बैठ गई स्त्रियों की आवाज़
जो दिन-भर अपने खेतों को बचाने का
कर रही थीं संघर्ष
दीवार पर
उस आवाज़ के ख़ून के छींटों को
चीख़ और अस्त-व्यस्त देह को
चुनते रहते हैं बाक़ी लोग
किसी फ़ाइन आर्ट के भीतर

माँ, गाँव, गाँव की स्त्रियाँ
नदी, पहाड़, जंगल
सब एक दिन टँग जाएँगे
किसी बड़ी दीवार के
बड़े से कैनवास पर
कोई ख़रीद ले जाएगा करोड़ों में
कोई जंगल
कोई पहाड़
कोई स्त्री

कोई माँ
वे बेचे जाते रहेंगे हर रूप में
इसलिए यह समय समझाता है
कुछ भी बेच लेना ही
इस समय की सबसे बड़ी कला है।

नई कोंपलों का वक़्त

इन दिनों अचानक
बढ़ गया है उनका प्रेम
जानवरों के लिए
चिंतित हैं वे सबसे ज़्यादा
जानवरों की खाल बचा लेने को!
इसलिए उधेड़ देना चाहते हैं
वक़्त की सख़्त खाल
जो बजती है उनके ख़िलाफ़
वे करना चाहते हैं
गीदड़ सियार और
जंगली सूअर के हवाले सारा जंगल

तब कटकर धरती पर
गिरते वक़्त के हाथ
बजाने लगते हैं
धरती को माँदर की तरह
और गूँजने लगता है
आसमान नगाड़े-सा
देखकर यह करते हैं वे
किसी उत्सव का आयोजन
यह बताते हुए कि
यह उत्सवों का देश है
जहाँ घोषित करता है कोई मंच

प्रतिरोध एक नाटक है
और शोषण एक वहम

जिनकी ख़त्म हो चुकी है लड़ाई
वे मना रहे हैं उत्सव
बात करते हुए माँदर और आदिम गीत की
खड़े हैं उस भीड़ में वे भी
जिन्होंने खो दी है सारी ताक़त
किसी के पक्ष में खड़ा होने की
इसलिए बदल रहा है उनका चेहरा
धीरे-से किसी उत्सवी मुखौटे में

और माँदर बजाते हाथ
चले आ रहे हैं पास
उनके लिए एक उत्सव है लड़ाई
वे लड़ते हुए नाचते हैं
और नाचते हुए लड़ते हैं
पर हरे पेड़ों से सूखी पत्तियों के
अलग होने का मौसम आ गया है
जंगल बुहारने का समय है
सूखी पत्तियों पर लगाकर आग
करना होगा जंगल साफ़
यह नई कोंपलों के आने का वक़्त है।

कौन करेगा इसकी पड़ताल?

कौन करेगा इसकी पड़ताल
कि किसने बना लिया है
धरती को किसी गुमनाम जगह पर बन्दी
और रोज़ करता है उस पर क्रूर परीक्षण

कौन करेगा इसकी पड़ताल
कि शहर की दीवारों के नीचे
क्यों दबी है क़ब्र किसी तालाब की
क्यों दबा है वहीं कोई खलिहान
जहाँ पसरा है शहर का क़ब्रिस्तान

दब गई है क्यों झींगुरों की आवाज़
पक्के मकानों की नींव में
और सड़कों ने छीन ली है क्यों
नदियों की शक्ल उनकी देह से

कौन करेगा इसकी पड़ताल
कि किसने किया है बारिश को विस्थापित
और कौन खदेड़ना चाहता है इंसानों को
जंगलों से बाहर जानवरों की तरह?

किस चीज़ से वह करता है प्यार?

कोई पेड़ गिरता है कटकर
थरथराती है धरती
फिर कलेजे पर रख लेती है पत्थर
बँधता है कोई बाँध
पहाड़ काँपता है
निशक्त हो चुकी नदी का
उठाता है सारा भार
और पूछता है आदमी से
किस चीज़ से वह करता है प्यार?

आदमी बाँधता है नदी, गिराता है पेड़
काटता है आदमी
बोता है ज़हर
उखाड़ता है साँसें
बिगाड़ता है चेहरा मौसम का
फिर अपने खुर तले
करता है पूरी धरती की दौंरी*
और यही दुहराता है बार-बार
फिर किस चीज़ से वह करता है प्यार?

उसकी नस्ल को नहीं पता
कि रातोंरात निकल आया है

---

* दौंरी = बैलों का धान रौंदना ताकि पुआल से धान अलग हो जाए।

कोई सींग उसके सिर पर
और उसका चेहरा बदल रहा है
किसी ख़ूँख़्वार जानवर की शक्ल में
दाँत नहीं रह गए हैं उसके मुँह में
वे निकल आए हैं बाहर

और धँसे पड़े हैं कल रात से
किसी दूसरी नस्ल की गर्दन पर
सिर झुका हुआ है सदियों से
विलुप्त होती प्रजातियों की लाश पर
जानवर पहचानते हैं उसे बेहतर
कि आदमख़ोर हो रहा है वह पूरी तरह

यह जानते हुए भी
कि एक दिन हो जाएगा सब कुछ विदा
प्रकृति जतनाती* है ताउम्र
थोड़ी-सी ज़मीन थोड़ी-सी पहचान
थोड़ा अपने ज़िन्दा रहने का हक़
थोड़ा-सा जंगल थोड़ा पहाड़ थोड़ी-सी नदी
मुट्‌ठी में बाँध लेती है अपनी भाषा
अपने सीने के किसी कोने में
छिपा लेती है हर उस शख़्स को
मोड़ पर जिससे
मुलाक़ात रही थी अच्छी

गोद में समेट लेती है
दरवाज़े पर खड़ा
टुक-टुक ताकता कोई पालतू कुत्ता
समेट लेती है
बिस्तर पर सोती हुई बिल्ली

---

* सहेजती

कोई चिड़िया पेड़ से उतार लेती है
दीवार पर टँगे घड़े में दुबकी पड़की
और कुछ कबूतर भी
रख लेती है सिर पर
घर के पिछवाड़े खुदा
पुरखा तालाब
बेतरा लेती है पीठ पर धरती
और एक दिन बहुत प्यार करते हुए
उन्हें बचाने के लिए
क्रूर समय से लड़ते हुए
लहूलुहान हो जाती है

लड़ती हुई कुछ बचाती हुई
पूछती है यही हर बार
कुछ बचा सकने में असमर्थ आदमी
आख़िर किस चीज़ से करता है प्यार?

बचा लेने का भव्य नाटक

पृथ्वी के विशाल रंगमंच पर
धीरे-धीरे पर्दा उठता है
और भोर होने तक कोई नाटक चलता है
धरती के सारे देहात उठकर चले आते हैं
और भव्य नाटक देख तालियाँ बजाते हैं

नाटक चल रहा है अभिनेता कह रहा है
गाँवों जंगलों में मौसम बदल रहा है
सबकुछ जल्दी-जल्दी बचा लेना है
भीगकर कुछ चीज़ों के ख़राब होने की संभावना है
भविष्य के लिए थोड़ा भी न बचाएँगे
तो एथनिक कहकर विश्व बाज़ार को क्या दिखाएँगे?

ख़त्म करने वाले हाथ मंच पर
पहन रहे हैं बचाने वाले हाथ का दस्ताना
खेतों को उजाड़ सुखा रहे हैं तेज़ धूप में
पुटकल कोइनार सनई मड़ुवा
आदिम भाषा कला गोदना पहनावा जीवन-शैली
और सुखा रहे हैं
आदमियों के साथ उनकी आत्माओं को भी
ताकि लम्बे समय तक वे गोदामों में बचे रहें
तेज़ धूप में सूख रहा है
आदिम सभ्यता का जीवन-मूल्य जीवन-रस भी

मूल्यों और जीवन-रस को निचोड़े बिना
ठीक से उन्हें सुखाए बिना
कैसे कर सकेंगे उनका संरक्षण?
डर है कि ये ढीठ लोग
ज़रा-सी नमी पाकर
गोदामों में भी उग न आएँ
पुटू की तरह
नन्हीं खुखड़ियों* की तरह
किसी ज़िद्दी घास की तरह
इसलिए उन्हें ज़रूरी है काट देना
सबसे पहले अपनी ज़मीन, मिट्टी, हवा-पानी से

सच तो यह है कि उनके हिस्से की
छीन ली गई ज़मीन, मिट्टी, हवा-पानी
बचा लेना है उन्हें
ख़ुद के बचे रहने के लिए।

---

* मशरूम

धमाकों के बीच चिड़ियाँ

धमाकों की एक तय रात में
क्या करती हैं चिड़ियाँ?
क्या हर धमाके पर डरकर नींद से जागती हैं
या अपने बच्चों को घोंसले में छोड़
इधर-उधर सारी रात भागती हैं?

या लौट-लौटकर
अपने बच्चों के अधखुले जले पंख गिनती हैं
या जल गए घोसलों को
फिर से बनाने के लिए
सारी रात नए तिनके चुनती हैं?

क्या तुम्हारे घर के दीयों के चारों ओर
उड़ रहे पतंगे खाती हैं
या धुएँ से घुटते हुए
साँस लेने को छटपटाती हैं?

ओ धमाकों के अभ्यस्त बहरे कान,
सुन न सको पर इशारे तो समझते होगे!
कुछ धमाकों पर जैसे तुम्हारे परखच्चे उड़ते हैं
वैसे ही इन धमाकों से उनके भी प्राणपखेरू उखड़ते हैं
तुम धमाकापसन्द लोगों के लिए
मुश्किल है एक टूटा घोंसला भी फिर से जोड़ पाना

नहीं जानते तुम ढंग से
एक छोटी चिड़िया के लिए एक घोंसला तक बनाना

क्या है यह धमाका?
कुछ हारने और कुछ मारने के बाद
लगाया गया एक बेशर्म ठहाका?
धरती पर क्या जीता है
इन छोटे-बड़े असली-नक़ली धमाकों ने?
धमाकों का धर्म है
आदमियों या चिड़ियों को
धमाकों के बीच ही मारना
फिर क्यों ज़रूरी है
उन्हीं धमाकों के साथ कोई जश्न मनाना?

बाज़ार, अनाज और आदमी

यह कहते हुए कि
सिक्के कितने काम के हैं
उन्होंने जंगल की ओर सिक्के उछाले
और इशारे से बदले में
अनाज का टोकरा माँगा
जंगल के आदमी ने कहा
इतने काम के हैं
तो खाकर अपना पेट क्यों नहीं भरते?
वे उस दिन अपने सिक्के उठाकर लौट गए

फिर वे ऐसे लोगों के पास गए
जिन्होंने जंगल के बाहर
पहले-पहल सिक्के देखे थे
सिक्कों के साथ सपने देखे थे
वे उनके पास
सिक्कों के साथ सपने लेकर आए
धान से भी अधिक सुनहरे थे सिक्के
उन्होंने जान लिये जंगल में घुसने के रास्ते

अब जंगल के लोगों के पास सिक्के थे
और वे अनाज का टोकरा ख़रीदना चाहते थे
सिक्कों के पीछे-पीछे बाज़ार आया
इतवार सोमवार मंगलवार के पास जो हाट थे

वे कब के विस्थापित हो गए
और हाथों ने खो दिए
बहुत-से सामान्य हुनर

नहीं आता अब हमें
अपने बच्चे की क़मीज़ में बटन टाँकना
चटाई बढ़नी मचिया खटिया बनाना
पेड़ लगाना अनाज उगाना
चिड़ियों के लिए खेत में धान छोड़ आना
ज़िन्दगी जोत दी गई है सिक्के उगाने में
और इस बेबसी पर हँसते हुए
कोई बड़ा बाज़ार लगा है
हर मोड़ पर नया मॉल बनाने में।

कुछ आदमियों ने

कुछ आदमियों ने
बस कुछ आदमियों के लिए
हज़ारों ज़िन्दगियों को
नरक में तब्दील करते हुए
इस धरती पर
अपनी मृत्यु का दिन
कितना घटा दिया
या बढ़ा लिया
धरती यह पूछती है उनसे

कभी-कभी वह हँसते हुए
अचानक सुबकने लगती है
उन आदमियों के उलट दिमाग़ पर
कि किस तरह
तैरना न जानने वाले लोग
तैरना जानने वाले लोगों की टाँगें तोड़कर
बाँध बनाने की कर रहे हैं पूरी तैयारी

कि किस तरह
जो दिखा सकते हैं उन्हें
बाढ़ से बचने के गुप्त रास्ते
डुबाकर उन्हें पहले किसी नदी में
बाँध रहे हैं फिर कोई नदी

और बाढ़ आ जाए दरवाज़े पर
तब अपना ज़रूरी काग़ज़ तक
बचा न पाने वाले लोग
दुनिया को बचा लेने की बात कर रहे हैं

कुछ आदमियों की आँखों में
एक ही रंग देखने की पुरानी बीमारी
गहरे उभरकर आ गई है
यह हवा के साथ फैलती है
इसके लगते ही
लोग उठाने लगते हैं हथियार
किसी भी आवाज़ पर
किसी भी रंग पर
किसी भी खुसफुसाहट पर

धरती के सारे रंग उदास हैं
कि वही जानते हैं
इन कुछ आँखों ने खो दी है
सारे रंगों को देखने की ताक़त
इसलिए शहर की सारी दीवारें
हलकान-परेशान
शिद्दत से ढूँढ़ रही हैं
दीवार पर इस बीमारी के
इलाज का दावा ठोंकने वाले
किसी गुप्त वैद्य का पता।

क्यों मिटाए गए अखड़ा धुमकुड़िया?*

वह चाहती है
साथ चलना बतियाना
अपनी राय रखना
असहमत होना
मगर यह कैसे हो संभव?
यह महसूस करते हुए कि
उनकी पैनी नज़र
अटकी है सिर्फ़ उसकी देह पर

वे देह पढ़ रहे हैं देह सुन रहे हैं
देह नाप रहे हैं
वे स्त्री को सिर्फ़
मांस-भर देख रहे हैं

वे स्त्री को ठीक-ठीक समझने
सुनने से बचते हैं
ऐसी पीढ़ियाँ तैयार करते हैं
जो इतना-भर जानती हैं कि
विवाह से पहले स्त्रियों का
हँसना-बतियाना पाप है

---

* अखड़ा आदिवासियों की बैठक की जगह और नृत्य-स्थल भी हैं। धुमकुड़िया, गितिः-ओड़ा, गोटुल क्रमशः कुड़ुख़, मुंडारी-संथाली और गोंडी भाषा के शब्द हैं। ये आदिवासी युवक युवतियों के पारम्परिक शिक्षण-केन्द्र हैं जिनमें अधिकांश अब लुप्तप्राय हैं।

ख़ूब हँसती-बतियाती स्त्री
उन्हें लगती है राज़ी
और बिना जाने उसकी मर्ज़ी
वे टूट पड़ते हैं उस पर जानवरों की तरह

बाक़ी बच गए लोग चिल्लाते हैं
स्त्री का सुन्दर दिखना अभिशाप है
वे छोटे कपड़ों के ख़िलाफ़ हैं

पीढ़ी-दर-पीढ़ी
करते हैं वे जानवरों को तैयार
स्त्री-देह का बाज़ार लगाते हुए
उन्हें गोश्त का टुकड़ा-भर बताते हुए
किस जात के मांस पर
टूटने का हक़ उनका जन्मजात है
उन्हें यह समझाते हुए

अखड़ा धुमकुड़िया गितिः ओड़ा गोटुल
क्यों थे वे इन सबके सख़्त ख़िलाफ़?
ये कैसी संस्थाएँ थीं
जो स्त्री-पुरुष को लाती थीं साथ
देह की गरिमा समझने
साथ चलने नाचने-गाने का पढ़ाती थीं पाठ?

अपने उत्सवों में
झोंपड़ी से किसी ग़रीब की बेटी को हर बार
जबरन 'नचनी' में तब्दील करने को
अभ्यस्त लोग पूछते हैं आकर पास
ये कौन हैं जो पकड़कर हाथ
ढोल-नगाड़े की धुन पर
नाचते हैं सारी रात?

पहले चकराते हैं फिर चिल्लाते हैं
स्त्रियों को समझते हुए
कैसे संभव होगा बलात्कार?
स्त्रियों को सुनते हुए
कैसे अनसुनी की जाएगी उनकी चीत्कार?
कैसे कुचली जा सकेगी
बेरहमी से उनकी आत्मा?
ऐसे में कैसे होगा
उनका सम्पूर्ण ख़ात्मा?

वे चाहते हैं
आदमी पैदा होता रहे
कठोर निर्मम और बहरा
इसलिए एक दिन उन्होंने मिटा दिए
गाँवों-जंगलों से धुमकुड़िया
गितिः ओड़ा गोटुल और अखड़ा।

शिकार जारी है

शुरुआत में वे जंगल में घुसकर
हिरणों का शिकार करते थे
और लौटकर अपने बच्चों को बताते थे
शिकार मारने के सारे तरीक़े
मगर बच्चों को हिरण पसन्द थे

उन्होंने बचे-खुचे हिरणों को
बचाने का उठाया बीड़ा
और बनाए उनके लिए अभयारण्य
जहाँ बच्चे देख सकते थे हिरण
मगर उनको मारना मना था

दुनिया के इस छोर से उस छोर तक
पहले ऐसा ही शिकार उन्होंने
इतिहास पर घोड़े दौड़ाते हुए
जंगल के आदमियों का किया
और शिकार मारने का सारा हुनर
विरासत में सौंप गए पीढ़ियों को

मगर लड़ने का हुनर तो
जंगल के आदमी की पीढ़ियों ने भी सीखा था
वे उठा लाए थे अपनी पीठ पर अपना इतिहास
और स्त्रियाँ गाँठ में बाँध लाई थीं सारे सबूत

वे अपने पूर्वजों की हत्याओं पर
सवालों की तरह उनके सामने खड़े थे
वे उनके ख़िलाफ़ कई रातों तक लड़े थे

लड़ते-लड़ते ही बनाई थी
जंगल के आदमियों ने भी
अपने लिए कुछ सुरक्षित जगहें संविधान में
जहाँ उनके जीवन में दख़ल देना मना था
मगर चालाक लोग
धीरे-धीरे रोज़ फाँद आने लगे
नियमों की सारी दीवारें
और करने लगे नए तरीक़ों से उनका शिकार

आज अभयारण्य में हिरण
और शहर में गाय
दोनों ही सुरक्षित हैं
और दोनों ही जगहों पर
आदमियों का शिकार जारी है।

पड़ोस में देशद्रोही ढूँढ़ते लोग

धर्म झूठी देशभक्ति
और राजनीति की धूर्तता के नशे में धुत्त
शाम शहर में कोई झुंड निकलता है
जो अभी भी भारत-पाकिस्तान के
उसी विभाजन काल में खड़ा है
पाकिस्तान की सीमा दरअसल है किधर
यह जानने की ज़हमत नहीं उठाता है
मोहल्ले से बाहर की यात्रा कभी की नहीं
इसलिए अपने मोहल्ले में ही पाकिस्तान ढूँढ़ता है

घर के दरवाज़े से कुछ परे
गली के मोड़ पर जिस मुस्लिम बूढ़े का घर है
उसके बच्चे और बच्चे के बच्चों ने
उसी मोहल्ले में दिन गुज़ारे हैं
झुंड उसके घर की दीवार को
भारत-पाकिस्तान की सीमा समझता है
और दरवाज़े पर
'पाकिस्तान मुर्दाबाद' के नारे लगाता है

मुस्लिम बूढ़े का बेटा चकराता है
जब वापस जाओ वापस जाओ के नारे सुनता है

वापस कहाँ जाएँ?
यही मेरा घर है! नींद में हो या बेहोशी में?
उठकर कुछ भी अंट-शंट बकते हो? चिल्लाता है
और लात-घूँसों के बीच उसी समय
वह देशद्रोही घोषित कर दिया जाता है।

सरकार का दिल दुःखता है

जो सच है वह सच
सच-सच न कहा जाए
सरकार का दिल दुःखता है

जब भी बोला जाए
मुँह उतना-भर ही खोला जाए
जितना तय किया गया है
पूरा मुँह कभी न खोला जाए
सरकार का दिल दुःखता है

वोट जो देता है
वह सबसे ज़्यादा क्यों डरता है?
ठीक-ठीक कुछ कह नहीं पाता
क्यों इतना हकलाता है?
क्या सरकार का दिल कमज़ोर है?
ज़ोर-ज़ोर चिल्लाने वालों को देख
क्या उनका बी.पी. बढ़ जाता है?
शहर के मुँह पर सिर्फ़ इसलिए
पहरा बैठाया जाता है कि
सरकार का दिल दुःखता है

उतना ही गाया जाए
जिससे उनके कान को सुकून मिलता है

उतना-भर ही बोला जाए
उनके मन को जो भाता है

जो सच है वह सच
सच-सच न कहा जाए
सरकार का दिल दुःखता है।

शातिर आदमी

वह सुबह उठता है
उठकर टहलने निकलता है
लौटकर ख़राब सड़कों को लेकर
सत्ता के ख़िलाफ़ कुछ लिखता है
दोपहर को खाना खाते हुए
विरोध में कुछ बुदबुदाता है
शाम चाय पीते हुए फिर वही बात उठाता है
रात को सोने से पहले
काग़ज़ पर कुछ लिखकर सो जाता है

वह जिस तरह रोज़ ठंडी हवा में टहलता है
जिस तरह अपने काम निपटाता है
जिस तरह अपने कुत्ते को घुमा लाता है
वैसे ही कुछ लिखता रहता है

विरोध करते उसके साथी सड़क पर निकलते हैं
और कुछ गोली से मारे जाते हैं
कुछ भीड़ में कुचले जाते हैं
तब सिर्फ़ वही अकेला बचा रहता है
और जिसका विरोध करता है
उसके आसपास घूमता रहता है
वह क़लम की आड़ में छिपा

एक शातिर आदमी है
जो जनता और सत्ता दोनों तरफ़ खड़ा रहता है

उसकी किताब के लिए इस बार
किसी पुरस्कार की घोषणा तय है।

मेरी आत्मा की आवाज़

किसी भारी आदेश के नीचे
मेरी आत्मा की आवाज़ दब गई है

माँ के गर्भ में मैं
मनुष्य का रूप ले रहा था
ज़मीन छूते ही पहली बार महसूस किया
हाड़-मांस की एक देह है मेरी
दिल धीरे-धीरे धड़कता है
शिराओं में लहू भी बहता है
माँ की देह से आती पसीने की गंध
मेरे नथुनों में भरी है साँस की तरह
और टिक-टिक घड़ी-सी
कोई आवाज़ है भीतर जो
बाहर के शोर के बीच भी चलती रहती है
मैं कान में उँगली डाल बच्चों की तरह
सुन सकता हूँ अपनी ही आवाज़
बिल्कुल स्पष्ट...

मगर कितने साल हुए
मैंने सुनी नहीं कोई आवाज़
किसी भारी आदेश के नीचे
दब गई है मेरी आत्मा की आवाज़

मेरी देह बदल गई है मशीन में
जिसके पास नहीं है अब
कुछ भी धड़कता हुआ-सा

मेरे बढ़े हुए पेट में रोज़
थोड़ा-थोड़ा लालच अंदर जाता है
मैं उस पर हाथ फेरता हूँ
सिकुड़ी आँत वाले लोगों को पेट-भर भोजन देने के
अपने आश्वासन पर मुस्कुराता हूँ
फिर अच्छी तरह खाता हूँ
और तनकर सो जाता हूँ

हर रात कमरे में आते ही पहले
अपने चेहरे से एक खोल उतार
तकिए के नीचे धीरे-से छुपाता हूँ
सुबह घर से निकलने से पहले
उसे ठीक से चेहरे पर लगाता हूँ
यही है मेरा चेहरा
जिसे रोज़ मैं दोहराता हूँ

अरसे बाद कल मैं चौंका
जब पत्नी ने पूछा
"छोड़ दो मुझे...मैं मनुष्य होना चाहता हूँ...माँ...माँ..."
पसीने से भीगकर आधी रात को
मैं नींद में यह क्यों बड़बड़ाता हूँ?

भद्रता का बोझ

मेरी पीठ इनकार करती है
ऐसी भद्रता का बोझ उठाकर चलने से
जो हमेशा बीच का रास्ता अपनाती हो
सबके चेहरे पर ख़ुशी लाने के लिए
सच बोलने और सुनने से बचती हो
जिस पर बात होनी चाहिए
उस पर आती हो जिसे शर्म
और वीभत्स हो चुकी आदतों को
सामान्य मान लेने की जो हो चुकी हो आदी

मेरी पीठ इनकार करती है
ऐसी भद्रता का बोझ उठाकर चलने से
जो जीती है
सभ्य होने की तय आदतों के साथ
और विकृत हो चुकी परिभाषाओं पर
लगातार करती है बहस
मगर चुप रहती है
दिख जाने वाली अपनी अभद्रता पर
बहस करते हुए भी
उसकी पहली चिंता होती है
अपने उजले कपड़े कैसे बचा लिये जाएँ

वे शातिर लोग हैं जो
एक साथ दोनों ओर खड़े रहते हैं
जिन बातों के ख़िलाफ़ लड़ रहे होते हैं
उन्हीं में भीतर कहीं डूबे होते हैं गहरे
वे सबकी समानता की बात करते हुए
जबरन अपनी तरह होने को सबको विवश करते हैं
और सबकी स्वतंत्रता की बात करते हुए
तय करते हैं कि इस धरती पर
किसी को क्या खाना और पहनना चाहिए!

राजनीति में अपने हिस्से के लिए

जल, जंगल, ज़मीन चिल्लाते-चिल्लाते
थककर मेरे भाई गाँव छोड़कर मज़दूरी करने
चले गए एक दिन गुजरात
लोहा काटती मशीन में
कटते-कटते छोटा भाई बचा
और बड़ा भाई
ऊँची बिल्डिंग बनाते वक़्त
गिरते-गिरते बचा

वे चाहते थे
उनके हाथ को कोई काम मिले
खेतों को पीने के लिए पानी
और पशुओं को हरा चरागाह
जंगल जिसमें सरना माँ रहती है
उनके क़रीब ही रहे और
ज़मीन में उन्हें भूख से बचाने की ताक़त बची रहे

वे चाहते थे
उनकी भाषा संस्कृति के साथ
दुनिया को देखने का नया नज़रिया मिले
ऐसा हो उनका विकास
कि अपनी ज़मीन में रहकर ही
वे देख सकें अपना आकाश

पर ऐसा कुछ भी नहीं हो सका
लम्बे समय तक वे जिनका मुँह ताकते रहे
हक़ की लड़ाई लड़ने का दावा ठोकने वाले
बनाते रहे घर गाड़ी और ख़ूब पैसा
वे न उन्हें ज़मीन का मुआवज़ा दिला सके
न ही ज़मीन के इस्तेमाल पर
मुनाफ़े का आधा हिस्सा
मगर राजनीति में अपने हिस्से के लिए
जल, जंगल, ज़मीन के साथ
जो हमेशा कर आए
अपने ज़मीर का सौदा।

सड़क पर किसान

सड़कों पर नंगे पाँव
चल पड़ा है पूरा गाँव
अँधेरे के ख़िलाफ़ खड़ा बिहान
पूछ रहा
क्यों आत्महत्या करे किसान?

कभी सोचा है तुमने
कहाँ से यह अनाज आता है
क्या यह देश सिर्फ़ धूप खाता है?
हर एक चीज़ का दाम वसूलने वालो,
तुम्हारी भूख की क़ीमत कौन चुकाता है?

क्यों खेत हल लेकर
देश के चौराहे पर पड़ा रहेगा?
क्यों उसका आँगन
नई सड़क के नीचे गड़ा रहेगा?
क्यों शहर की नींव में
कोई गाँव दबा रहेगा?
क्यों पोकलेनों से
कटकर छाँव गिरा करेगी?

क्यों अन्न सड़क पर दम तोड़ेंगे?
वे तुम्हारे घरों से

अपना मुख मोड़ेंगे
तुम्हारे बदन पर लाखों का सूट
उन्हें नहीं मिलता पानी का घूँट
जिनकी जेबें भरने के लिए
किसानों का पेट तुम काट रहे
सब जानते हैं छुप-छुपकर
किस-किसके तलवे चाट रहे
क्यों तुमसे ना वह आज लड़ेगा
मूर्तियाँ गिराते-गिराते
गिर गए हैं जो अपने भीतर
हुजूम किसानों का आज उन्हें
सवालों के चौराहे पर खड़ा करेगा।

रोटी और आदमी

चौराहे पर खड़ा हूँ सुबह से
छोटा-बड़ा कोई भी काम चाहता हूँ

मैं देखता हूँ
वे मेरा हुनर छीनकर
मेरे ही मित्र को सौंप रहे हैं
और वह काम के बोझ से दबा
अपनी ऐसी नौकरी का अन्त चाहता है

मैं सोचता हूँ
क्या वह मेरे जैसे हज़ारों लोगों के
किसी काम से बहिष्कृत कर दिए जाने की
सज़ा भुगत रहा है?
और उस पर गर्व करते रहने को
निरन्तर प्रशिक्षित हो रहा है?

मैं उसे ताकता हूँ
वह मुझे ताकता है
मैं उस पर तरस खाता हूँ
और वह मुझ पर तरस खाता है
हम दोनों ही
इस क्रूर और चालाक समय के क़ैदी हैं
और एक सज़ा काट रहे हैं

हम दोनों मिलकर ढूँढ़ना चाहते हैं
इस क्रूर समय की दीवार में कोई छेद
जिस में कोई बलुवा फँसाकर गिरा दें यह दीवार
और भाग निकलें ऐसे किसी काम की तलाश में
जहाँ रोटी के साथ आदमी भी बचा रहे।

घर की भाषा

माँ कहती है
घर की अपनी भाषा है
वह सिर्फ़ छत दीवार दरवाज़ा भर नहीं होता
वह अपनी भाषा माँगता है
सिर्फ़ तुम इसके भीतर नहीं होते
वह भी तुम्हारे भीतर होना चाहता है

घर चुपचाप देखता है
भाड़े की भाषा में ज़रूरत-भर बोलकर
हर आदमी घर के अंदर
अपने अलग कमरे की ओर तेज़ी से भागता है
जैसे कह रहा हो इशारे में
उसे अपना कमरा-भर चाहिए
पूरा घर अब उसकी थकान उतार नहीं पाता है

घर ने अपने भीतर पुरखों को छिपा रखा है
कितने क़िस्से कितनी कहानियाँ हैं उसके पास
वह सब कुछ नई पीढ़ियों को देना चाहता है
मगर वह तुमसे पुरखों की भाषा माँगता है
सिर्फ़ तुम इसके भीतर नहीं होते
वह भी तुम्हारे भीतर होना चाहता है।

चिड़िया और आदमी

उस दिन
तूफ़ान के ख़िलाफ़
आदमी और चिड़िया दोनों लड़े

चिड़िया अपने टूटे घोंसले को
बार-बार बनाती रही तूफ़ान के ख़िलाफ़
और आदमी
तूफ़ान रोक देने की जद्दोजहद में लगा

महीनों लगा रहा सालों लगा रहा सदियों लगा रहा
एक दिन तूफ़ान रुका जश्न मना
मगर अब आदमी
अपना घर बनाने का हुनर भूल गया था
चिड़िया का नया घोंसला-भर जीवित बचा था

विध्वंस के ख़िलाफ़ आदमी जुटकर लड़ा था
गढ़ने में असमर्थ अब वह बिखरा पड़ा था।

'सभ्य' होते आदिवासी

एक पढ़े-लिखे सभ्य होते आदिवासी लड़के को आज
विवाह के लिए चाहिए एक गोरी लड़की
और एक पढ़ी-लिखी सास को चाहिए
अपनी बहू से बेटी की जगह बेटा

जो इन्हें सबसे पहले शिक्षित कर
सभ्य बनाने का दावा ठोंकते हैं
उन्हें क़ायदे से
इन सबकी ज़िम्मेदारी भी ले लेनी चाहिए

ख़ुद से यह सवाल पूछते हुए कि
लैटिन अमेरिका के आदिवासियों को
ख़त्म करनेवाले शिक्षित सभ्य लोगों को
क्यों वे कभी बेहतर इनसान नहीं बना सके?
क्यों कभी ऐसी कोई प्रार्थना नहीं कर सके
जिससे रुक जाएँ ग़ुलाम बनाने के सारे क्रूर तरीक़े?
यह समय उनसे पूछना चाहता है
किस ईश्वर से सीखते हैं वे बम पटकना
और मेहनत करते निर्दोष लोगों पर हमले करना?

जंगल जो जानता था जंगल होना
आदमी जो जानता था सबसे पहले आदमी होना
उसे कैसी शिक्षा देते रहे कि एक दिन

अपने घर पर हमला देख वह छोड़कर लड़ना
करने लगा बन्द दरवाज़े के पीछे छुपकर प्रार्थना

आज वह सीख रहा है
सभ्य बनने के सारे तरीक़े

सीख रहा है
जीवन-भर ग़ुलाम बने रहने के सारे हुनर
सीख रहा है
जल जंगल ज़मीन के साथ कैसे बेचा जाता है ज़मीर
भाषा बोली अपनी पहचान इनसानी मूल्य
सबकुछ गिरवी रखकर
सीख रहा है बेईमान होने की कला

उसका सीखना और शिक्षित होना जारी है
और जारी है सभ्य होते हुए
अपने आदमीपन से
एक क़दम और नीचे गिरने का सिलसिला।

आदिवासी लड़कियाँ

किसी आदिवासी गाँव से गुज़रती कविता में
कुछ लोग ढूँढ़ रहे हैं
नदी में नहाती किसी आदिवासी स्त्री की नंगी पीठ
एक कपड़े में लपेट अपनी पूरी देह
भीगी-भीगी-सी घर लौटती कोई जवान लड़की

कुछ ढूँढ़ रहे कविता में अब गोटुल
धुमकुड़िया गितिः ओड़ा
और आग के इर्द-गिर्द रात-भर नाचते लोग
पीली रोशनी में सोने-सा चमकता सीना
और चिंगारी-सी कोई अल्हड़ हँसी

सुबह चुप-सी दीवार के पीछे
डरी लड़की की बाहर झाँकती दो आँखें
जो किसी अजनबी को देख
घुस जाती हैं घर के अन्दर

जब वह धीरे-धीरे निकलती है
हँसती है बतियाती है
और बात-बात में हँसते हुए
उसका कंधा छू लेती है
तब वह समझता है
बहुत सस्ती है यह सहजता

और पलटकर फेरने लगता है
अपनी अँगुलियाँ उसकी पीठ पर

सालों बाद भी अपनी भूखी नींद में
वह ढूँढ़ता है उस लड़की की पीठ
बात-बात पर कंधा छू लेते उसके हाथ
कोई अल्हड़पन
कोई सहजता
जिसे वह हमेशा सस्ती ही रहा समझता

नींद से जाग वह चकराता है
अब किसी कविता में उसे
ऐसी कोई लड़की नहीं मिलती
कविता चलाती है उसकी पीठ पर हँसिया
तोड़ देती है उसकी गन्दी अँगुलियाँ
और चीख़ती है
बन्द करो कविता में ढूँढ़ना आदिवासी लड़कियाँ।

किसकी है यह निर्लज्ज हँसी?

उस दिन मैंने उसे कई चाक़ू मारे
तब तक
मेरे हाथ ठंडे होकर
एक ओर लुढ़क न गए जब तक
अचानक नींद में बिस्तर से नीचे गिरते ही आँख खुल गई
वह कोई सपना था
मैं हर रोज़ सपने में उसकी हत्या करती थी
और हर बार वह जीता-जागता साबुत
हक़ीक़त की ज़मीन पर
सुबह-सुबह टहलता हुआ दिख जाता था

बेहद उदासी में एक दिन मैंने अपने अंदर झाँका
कोई चुप-सी, घबराई, काँपती-डरती
कोने में बैठी एक लड़की थी वहाँ
मैं उससे पूछना चाहती थी
बोलो...बोलो...बताओ किससे डरती हो तुम?
वह काँपती हुई इशारे करती
सारी बातें उसके गले में आकर अटक गई थीं कहीं
वह शायद उगलना चाहती थी कुछ
ताकि बेहतर महसूस कर सके
थोड़ा साँस ले सके

पर कोई सफ़ाईपसन्द अदृश्य हाथ बड़ी सफ़ाई से
उसका मुँह दबाए हर वक़्त
खड़ा रहता था उसके पीछे
यह कहता हुआ कि अगर दुनिया की सारी लड़कियाँ
उगलने लगेंगी इस तरह स्ब कुछ धरती पर
बताओ भला! धरती दूषित नहीं हो जाएगी?
और हम तो बेहद साफ़-सुथरे लोग हैं

मैं एक झटके से निकल आई बाहर और देखा
वह सफ़ाईपसन्द अदृश्य हाथ बड़ी सफ़ाई से
सारी गन्दगी अपनी हथेलियों में छुपाए
हर एक लड़की की ज़ुबान दबोचे
खड़ा है आज भी
एक निर्लज्ज हँसी हँसता हुआ।

मिल-बाँटकर खाने वाले लोग

उनकी थाली में बहुत स्वादिष्ट भोजन है
तोंद बढ़ती ही जाती है दिन-ब-दिन
बढ़ी तोंद को सँभालने में असमर्थ
इन सारी सुविधाओं के बाद भी
वे रात के भोजन के लिए पास वाली बस्ती से
मुझ ग़रीब लड़की को उठा ले जाते हैं

कभी-कभी इतना-भर कहला भेजते हैं
"भेज दो अपनी लड़की को"
और मेरे घर के डरे हुए सारे मर्द
उनकी देहरी पर छोड़ आते हैं मुझे
यह कहते हुए कि अब मर गई उनकी बेटी
तो इस भरम में मत रहिये साहब
कि मैं सिर्फ़ कोख में ही मरती हूँ
ऐसे भी मिलकर मारी जाती हूँ मैं

वे इतने मिलनसार हैं कि क्या कहूँ
कुछ और मिलकर खाएँ या न खाएँ
पर स्त्री को मिल-बाँटकर ही खाते हैं
मेरी देह के हर हिस्से में रहता है सबका हिस्सा
दिन चढ़ने पर दूसरे दिन
मुझसे मेरी जात पूछते हैं
अपनी बताने में ज़रा लजाते हैं

कैसे कहें कि आदमी की शक्ल-भर है
वैसे कुत्तों की जात में ही गिने जाते हैं

सुबह घर साफ़ करते हैं नहाते-धोते हैं
और मुझे घर के बाहर का रास्ता दिखाते हैं
मैं ढूँढ़ती हूँ एक घर जीवन-भर
सिर्फ़ दरवाज़ा ही मिलता है पर
एक अंदर जाने के लिए एक बाहर आने के लिए
जब भी ठहर जाता है गर्भ मेरा
लड़की हुई तो उसे वे
पीछे के बाग़ में गाड़ आते हैं
और लड़का हुआ तो कभी-कभार
अपनी बेऔलाद स्त्री को दे जाते हैं

मैं आज भी ज़िन्दा हूँ यहीं कहीं इसी शहर में
किसी बेचैन आत्मा-सी टँगी
कई टुकड़ों में बँटी कई हिस्सों में कटी
मेरे पास 'न' कहने के लिए 'न' नहीं है
'हाँ' कहने के लिए 'हाँ' नहीं है
मैं कुछ न कह सकूँगी बाबू
तुम मिल-बाँटकर खाने वाले लोग हो
फिर मिलकर क्यों नहीं बताते अपने कारनामे?
सुना है तुम्हारे पास शब्दों की कमी नहीं है!

शोर मचाती लड़कियाँ

बहुत बोलती हैं जो बचपन से
उन पर फूँक दिया जाता है एक मंत्र
'शान्त लड़कियाँ ही होती हैं सबसे अच्छी'
और वे इस मंत्र के असर से होश सँभालते ही
सिलने लगती हैं अपना मुँह
छाँटने लगती हैं कंकड़ भाषा के सूप से
जलाने लगती हैं छँट गए शब्दों को धीरे-धीरे
भीतर कहीं सुलगते चूल्हे में
और घर से निकलने से पहले
डाल लेती हैं 'अच्छी लड़की वाला दुपट्टा' अपने सीने पर

बहुत देर तक जब मैं ताकती हूँ चेहरा
अलग-अलग भाषा में
बहुत बोलती लड़कियों का
वे कहते हैं मुझसे 'हुह!
ये क्या बक-बक करती रहती हैं?'
ये वही लोग हैं
जो चिड़ियों की करते हैं हत्या
सिर्फ़ इसलिए
कि समझ नहीं पाते उनकी भाषा
उनके चहचहाने बोलने चिल्लाने को
बताते हैं सिर्फ़ 'शोर मचाना'

बहुत बोलने से होता है ध्वनि-प्रदूषण
यह कहते हुए
सफ़ाई के नाम पर साफ़ करते हैं उन्हें
जो बोलते-बोलते बोल देती हैं सारा कड़वा सच
पर लड़कियाँ और चिड़ियाँ
जहाँ भी जन्म लेंगी बहुत बोलेंगी
दुनिया उन्हें 'शोर' बताती रहेगी
और वे शोर मचाती रहेंगी।

धूल में खेलती लड़की

धूल-मिट्टी में खेलते बच्चों के बीच से
एक दिन उसे खींच लिया गया अलग
उसने पूछा क्यों नहीं खेल सकती अब उनके साथ
बताया गया जिनके साथ वह खेल रही थी
घर-घर और दाल-भात के खेल
वे सारे के सारे लड़के हैं और वह लड़की है

तोते की शक्ल वाली ग़ुल्लक से
सारे पैसे निकालकर
आधे घंटे पैदल चलकर
जिस मेले से वह ख़रीद लायी थी
मिट्टी की डेकची कड़ाही कटोरी थारी
एक दिन सब कोने में फेंक दिए गए
और असली थारी गिलास डेकची माँजने लगी वह
लोग कहते रहे देखो कितनी अच्छी लड़की है
सब को ऐसी ही लड़की चाहिए
जो दिन-रात धोती रहे घर-भर के झूठे बर्तन
लगाती रहे झाड़ू और पकाती रहे सब के लिए भात

खिड़की की जाली से वह देखती रही
लड़के जो कभी साथ खेलते थे
वे सब के सब बड़े हो रहे थे
जवान हो रहे थे

आगे निकल रहे थे
एक मोटी बच्ची को गोद में खिलाती हुई
एक वही कहीं छूट गई थी पीछे
धूल में फिर से खेलते रहने के सपने सजाती हुई
बालू से घर बनाती हुई मिट्टी में भात पकाती हुई।

अभी मैं बहिष्कृत हूँ

जिन्होंने जमकर भोज उड़ाया था
और गले तक दारू उतारी थी
उस दिन मेरी शादी में
कल मेरी देह पर डंडों के निशान देख
हाथ झाड़ते हुए बोले
'देखो, यह तो तुम्हारा निजी मामला है'

मैं चीख़कर उनसे पूछना चाहती थी
प्यार सम्बन्ध शादी
कोख आस्था और मेरी देह
यह सब क्या मेरा निजी मामला नहीं है?

शाम वे कोई प्रार्थना करते हैं
मेरे पति के मन फिराव के लिए
पर उसे कभी कहते नहीं कि
गाँव में स्त्रियों पर ऐसी हिंसा नहीं चलेगी

कल मैंने अपने पति को पलटकर पीटा
और वह डंका पीट आया पूरे गाँव में
'देखो जनी हाथ उठाती है'
आज पंचायत बैठी है
यह कहती हुई कि दंड भरना होगा
और दंड न दे सकने पर इस समाज से
अभी मैं बहिष्कृत हूँ।

औरत का घर

बहुत सवेरे उठकर चम्पा
लकड़ी के चूल्हे से
उठते धुएँ में
धोने लगती है अपना चेहरा
और उसका मर्द सोता रहता है
रात का नशा फटने तक

उठकर चल देता है भोरे
खेत की मेड़ में लगाए कुमनी में
फँसी मछलियाँ गिनने
और शाम तक उधर ही कहीं
अटका रहता है हड़िया* के दोने में
लौटकर घर बरसाता है
गालियाँ चम्पा पर

बास मारते पति के साथ
सोने से मना किया रात चम्पा ने
और ढिंढोरा पीट आया सुबह वह गाँव-भर में
देखो मेरी औरत सोती नहीं मेरे साथ
सुनती रही वह दिन-भर खुसुर-फुसुर गाँव-भर में
फँसी होगी किसी दूसरे मर्द से ज़रूर

---

* चावल व कुछ अन्य जड़ी-बूटियों से बना पेय

चम्पा किसके लिए सहती है रे?
पूछती हूँ जब भी मैं
कहती है वह
जाऊँ कहाँ इतने बच्चों को छोड़कर?
स्टेशन फुटपाथ या
कोई पेड़ की छाया
कोई आश्रम कोई आश्रय
मिल सकता है सब
मगर घर नहीं मिल सकता
हाड़-मांस गलाकर भी
ख़ुद बना नहीं सकूँगी
एक अदद घर इस जनम में

बताओ कहाँ होता है
एक औरत का घर?

एक दिन पिता हो गई

पिता ज़िन्दा रहे
मगर पता नहीं क्यों
पास नहीं रहे
कभी पास रहे मगर साथ नहीं रहे
साथ रहे पर पिता की तरह नहीं रहे
क्या थीं उनकी उलझनें
यह सुलझाते-सुलझाते मेरा बचपन
पता नहीं कब बीत गया

बड़ा होने का जब समय आया
तो देखा यह थोड़ा बूढ़ा हो गया
मैं बूढ़ा मन और बचपन-सा तन लेकर
आज भी भटकती हूँ
यही सोचते हुए कि आख़िर क्या थी
एक पिता की परेशानी

मैं नहीं जानती उसे पिता कहूँ
या सिर्फ़ माँ का पति कहूँ
जिसने उसे दिया नहीं कभी कोई मान
मैं जीवन के हर पड़ाव पर ढूँढ़ती रही
पुरुषों के अंदर वही सम्मान

और यह जाना दुनिया में
पिता की तरह दिखने वाले लोग भी
बच्चियों के पिता होना नहीं चाहते
वे उन्हें स्त्री ही समझते हैं
जिन्हें प्रेमी होने में कोई संकोच नहीं होता

पर मैं पिता को हर जगह ढूँढ़ती रही
हर पिता में माँ का
खोया हुआ साथी ढूँढ़ती रही
धीरे-धीरे मैंने जाना पिता ईश्वर तो क़तई नहीं होते
वे भी हाड़-मांस के आदमी हैं
वे कुछ नहीं तो बस मित्र हो जाएँ
माँ के लिए इतना-भर माँगा

इसलिए मैं हर प्रेमी में सिर्फ़ साथी ढूँढ़ती रही
जो बिल्कुल मेरी माँ की तरह हो
और जाना दुनिया में ख़ून के रिश्ते के बिना भी
बहुत कम लोग हैं जो
पिता ही नहीं पूरा परिवार हो जाते हैं
थक रही आत्मा के घर-द्वार हो जाते हैं

आज भी सोचती हूँ
क्यों न छोड़ सकी माँ उन्हें जीवन-भर
वह उनसे कितना प्रेम करती थी
या फिर सिर्फ़ दुनिया से डरती थी

क्या कर सकती हूँ माँ के लिए
यह सोचते हुए एक दिन मैं
धीरे-से उसके ज़ख़्म की दवा हो गई
इन उलझनों से दूर धूल में खेलती
छूट गई छोटी बहनों की
पिता हो गई।

हर लड़की को आत्मकथा लिखनी चाहिए

मेरी आज़ादी कब मैं तय कर सकी
भद्र पुरुषों के हाथों यह तय होती रही हमेशा

स्कूल की दूरी तय करने से पहले
ठीक गलियों में
मेरी देह को भद्दी गालियों में बदल
पान की तरह मुझ पर थूकते रहे लड़के
और मैं अपने कपड़ों से उसके छींटे
छुपाते-छुपाते लौटती रही चुपचाप अपने घर

घर के भद्र पुरुष चुप रहे
कुछ न कहा छींटों के ख़िलाफ़
उन्हें मेरे कपड़ों से आती थी लाज
बन्द किया मेरा घर से निकलना
यह कहते हुए कि लड़कियाँ
लगाती हैं उनकी इज़्ज़त पर दाग़

वे तय करते रहे
मेरा जन्म लेना भी
जैसे माँ कोई मशीन हो
अपनी भद्रता की चादर ओढ़े देखते रहे
स्त्रियों से होनेवाली हर तरह की अभद्रताएँ
बाँधते रहे स्त्रियों को ही किसी दायरे से

और बचते रहे बुराइयों की
जड़ों पर सीध-सीधे वार करने से

जिस दिन पहली बार
मेरी अँगुलियों ने घर का चूल्हा सुलगाते हुए
लकड़ियों के साथ क़लम पकड़ना सीखा
क़लम ने धीरे-से मेरे कान में कहा
दुनिया की हर लड़की को एक दिन
अपनी आत्मकथा ज़रूर लिखनी चाहिए
कि स्त्रियों की आज़ादी तय करने वाले
भद्र पुरुषों की क़लई अब खुलनी चाहिए।

उससे मेरा सम्बन्ध क्या था?

वो आम का पेड़
ठीक यहीं था सड़क किनारे
जहाँ से मुझे हर दिन
बस पकड़नी होती
बस जब तक पहुँचती नहीं
वह मुझे तंग करता
पहले मेरी ओर एक आम फेंकता
मैं ख़ुश होकर जैसे ही दाँत गड़ाती
'ये तो थोड़े खट्टे हैं' ग़ुस्से में बोलती
वह हँसता
तुम बस में सोती रहती हो न!
यह नींद भगाने के लिए था
अच्छा अब मीठे आम गिराता हूँ
सच्ची में!
और तब तक बस आ जाती

उस दिन बस पकड़ने सड़क पर पहुँची
वह ग़ायब था
सालों से मेरा ठीक यहीं इन्तज़ार करता
वह आम का पेड़
कहाँ जा सकता है भला?

दूसरे दिन अख़बार में पढ़ी
उसके मारे जाने की ख़बर
मैं उस दिन ख़ूब रोयी
जैसे मारा गया हो कोई घर का अपना
मैं उस दिन सोई नहीं रात-भर
कैसे काट दिया गया वह यही सोचकर

दूसरे दिन दौड़ी उधर
सोचा उसकी गंध समेट ले आऊँगी
अपने आँगन में रोप दूँगी
उसकी गंध बढ़ेगी
तब मैं उसकी गंध लेकर
घर से निकलूँगी
लौटूँगी जब उसकी गंध को
आँगन में खड़ी पाऊँगी

मगर मेरे सपने टूट गए
धूल का बवंडर जब हँसने लगा मुझ पर
देखा मेरे आम के पेड़ की गंध
धूल के बवंडर से लड़ रही थी
बिल्कुल गुत्थमगुत्था
मैं भागी थाने की ओर
यह रपट लिखवाने कि
मेरे साथी की हत्या हुई है
थाना ठहाके लगाकर हँसने लगा
डंडा दिखाता हुआ बोला
पहले तू बता
तेरा उसके साथ सम्बन्ध क्या था?

मैं आज तक दर-दर भटक रही
यही बताने के लिए कि

उसके साथ मेरा सम्बन्ध क्या था
मगर वहाँ कोई नहीं अब
ग़ायब हो चुका है सब
अब सिर्फ़ दूर-दूर तक धूल उड़ाती
चौड़ी सपाट सड़कें भर हैं।

सहयात्री

मेरी शादी तमग़े की तरह उधर देखो
दीवार की खूँटी पर टँगी है कई सालों से
और तुम उस तमग़े के पीछे से कभी-कभार
निकल आते हो किसी अतिथि की तरह

मैं समझती थी कभी
प्रेम में 'मैं' तुम हो गई हूँ और तुम 'मैं'
पर एक सुबह उठकर तुम्हारा 'मैं'
अपने रास्ते चला गया
और मेरा 'मैं' अकेला
इधर ही कहीं तड़पता हुआ छूट गया
'हम' न हो सकने की कसक में

मैं क्या चाहती थी?
चाहती थी तुम अकेले चलो
मैं भी अकेली चलूँ
फिर भी दोनों साथ-साथ चलें
मैं दुनिया कभी पुरुष नज़रिए से देखूँ
तुम कभी स्त्री नज़रिए से
कभी तुम मेरी तरह मुझे जानो
कभी मैं तुम्हें तुम्हारी तरह

कभी दोनों की आँखें एक साथ कुछ देखें
और हम ख़ुशी से उछल पड़ें

पर चलते-चलते तुम यात्री बने रहे
मैं भी यात्री बन गई
सोचती हूँ अपनी यात्रा के साथ
हम सहयात्री क्यों नहीं हो सके?

पश्चात्ताप

माँ से बाबा ने कभी प्रेम नहीं जताया
इसलिए हम भी कभी बाबा से प्रेम नहीं कर पाए
इस बात के लिए भी उन्होंने
हर बार माँ को ही ज़िम्मेदार ठहराया

एक दिन हमने महसूस किया
बाबा को माफ़ किया जाए
अपना दिल साफ़ किया जाए
इसलिए, जब वे बूढ़े होने लगे
हमने उनको फिर से सँभाल लिया
और लगा इस तरह पश्चात्ताप किया

पर बहुत दिनों तक एक बात सोचते रहे
हर स्त्री हर बार हर आदमी को
इसी तरह माफ़ करती है
उनके लिए अपना दिल साफ़ करती है
पर वे जो इस धरती पर जीवन-भर
स्त्रियों के साथ इंसाफ़ नहीं करते हैं
आख़िर वे किधर जाकर पश्चात्ताप करते हैं?

विवाह

विवाह को लेकर घर में
माँ ने सबसे बारी-बारी पूछा
और धीरे-धीरे सबका विवाह हो गया
पर मुझसे इस बारे में कभी कुछ नहीं कहा
एक शाम मैंने उनसे पूछा
माँ! इस विषय पर तुमने
सिर्फ़ मुझसे ही क्यों नहीं कुछ पूछा?

कुछ देर तक चुप रही वह
फिर धीरे-से बोली–
अगर दोबारा कोई जीवन मिलता मुझे
तो मैं फिर कभी विवाह नहीं करती
तुम में मैंने हमेशा ख़ुद को ही देखा
शायद इसलिए तुम्हें
विवाह के लिए कभी नहीं टोका।

माँ ने मुझे क्यों कभी नहीं टोका?

मुझे दादाजी ने टोका, पिताजी ने टोका
सिर्फ़ माँ ने ही
कभी किसी बात के लिए नहीं रोका
एक वही मेरे साथ है
मैं लम्बे समय तक यही समझता रहा

सालों बाद एक शाम मुझे शक हुआ
कोई साथ है फिर क्यों चुप है?
मैंने उससे पहली बार पूछा
माँ तुमने मुझे क्यों कभी नहीं टोका?
क्या सहमत होने का अर्थ चुप रहना होता है?

उसने पहली बार कुछ बोला
तुम्हारे दादा बहुत सख़्त थे
उसके सामने मैंने कभी मुँह नहीं खोला
तुम्हारे पिता भी बहुत सख़्त थे
उसके सामने मैंने कभी मुँह नहीं खोला
मैंने जीवन-भर तुम्हें भी कुछ नहीं कहा
क्योंकि मैंने कभी भी
सवाल करना ही नहीं सीखा।

क्यों महुए तोड़े नहीं जाते पेड़ से?

माँ तुम सारी रात
क्यों महुए के गिरने का इन्तज़ार करती हो?
क्यों नहीं पेड़ से ही
सारा महुआ तोड़ लेती हो?

माँ कहती है
वे रात-भर गर्भ में रहते हैं
जन्म का जब हो जाता है समय पूरा
ख़ुद-ब-ख़ुद धरती पर आ गिरते हैं
भोर, ओस में जब वे भीगते हैं धरती पर
हम घर ले आते हैं उन्हें उठाकर

पेड़ जब गुज़र रहा हो
सारी रात प्रसव पीड़ा से
बताओ, कैसे डाल हिला दें ज़ोर से?
बोलो, कैसे तोड़ लें हम
जबरन महुआ किसी पेड़ से?

हम सिर्फ़ इन्तज़ार करते हैं
इसलिए कि उनसे प्यार करते हैं।

महुआ का दोष नहीं

महुआ पीकर तुम पहले
प्रेम के गीत गाते थे
कोई कथा सुनाते थे
नाचते थे, थककर सो जाते थे
पर महुआ पीकर अब तुम
हिंसा करते हो, हत्यारे हो जाते हो
और सारा दोष महुआ पर डाल देते हो

महुआ का दोष नहीं
महुआ तो अब भी वही है
पर क्या बदल गया है तुम्हारे भीतर
जो हर बार महुआ पीते ही बाहर आ जाता है।

चेस्टनट के पेड़

चेस्टनट शहद का डिब्बा
हमेशा उनकी टेबल पर होता
वे रोज़ थोड़ी-सी शहद चखते

इस शहद से इतना लगाव क्यों?
एक दिन मैंने पूछा
वे बहुत देर चुप रहे, धीरे-से बोले
ये वही चेस्टनट हैं
जिन्हें मेरी माँ जंगल में चुना करती थी
चेस्टनट के पेड़ अब भी वही हैं
चेस्टनट अब भी वैसे ही गिरते हैं

मैं कभी-कभी उनकी याद में चेस्टनट चुनता हूँ
खाने की टेबल पर चेस्टनट शहद रखता हूँ
खिड़की से जंगल की तरफ़ देखते हुए
थोड़ी-सी शहद रोज़ चखता हूँ
और धीरे-से मुस्कुराता हूँ
पता नहीं क्यों पर मुझे लगता है
इस तरह मैं उनके पास रहता हूँ।

पेड़ों ने तुमसे क्या कहा ?

पेड़ों ने तुमसे
पेड़ लगाने को नहीं कहा
बस अपने हिस्से की ज़मीन छोड़ने को कहा
जहाँ अपने तरीक़े से वे उग सकें
पर तुम उनके हिस्से की ज़मीन पर जमे रहे
और 'पेड़ लगाओ, धरती बचाओ' का नारा लगाते रहे

ज़िन्दा रहने के लिए
साँस लेकर भी अभी
तुम बड़ी मुश्किल से
साँस छोड़ने का अभ्यास कर रहे हो
पेड़ों के हिस्से की धरती छोड़ देना
क्या तुम्हारे बस की बात है?

समय की सबसे सुन्दर तस्वीर

वह समाज जहाँ
पुरुष के भीतर के स्त्रीत्व की हत्या
बचपन से ही धीरे-धीरे की जाती है
उसके भीतर की स्त्री भी
एक दिन भागकर
किसी विश्वविद्यालय में ही बच पाती है

विश्वविद्यालय में ही युवा
इतिहास, भूगोल, गणित पढ़ते हुए
सीखते हैं समाज बदलना
और अपने ही नहीं
दूसरों के हक़ के लिए भी घर से निकलना
वे धीरे-धीरे पुरुष से मनुष्य होना सीखते हैं
और साथ संघर्ष करती स्त्रियों को भी
देह से ज़्यादा जानने, समझने लगते हैं

विश्वविद्यालय के युवा
आदमी के हक़ की आवाज़ उठाते हैं
व्यवस्था के लिए किसी आदमी को
मशीन-भर हो जाने से बचाते हैं
लाश बनकर घर से दफ़्तर
और दफ़्तर से घर लौटते आदमी को
ज़िन्दा होने की वजह बताते हैं

एक आत्मा-विहीन समाज
जो पुरुषों को स्त्रियों से
सामूहिक दुष्कर्म करना सिखाता है
और उसकी हर हत्या पर
चुप्पी साधे रहता है
जहाँ सदियों से यही रीति चलती है
उसी समाज के किसी विश्वविद्यालय में
साथ पढ़ती, लड़ती स्त्रियाँ
घेरकर एक पुरुष को
पुलिस के निर्मम डंडों से बचाती हैं

विश्वविद्यालय ही पेश कर सकता है
किसी समाज को बेहतर बनाने की नज़ीर
विश्वविद्यालय से ही निकल सकती हैं
इस धरती को सुन्दर बनाने वाली
समय की सबसे सुन्दर तस्वीर।

स्त्रियाँ जब लड़ती हैं

पुरुष जब लड़ते हैं
सबकुछ छोड़-छाड़कर
बस निकल जाते हैं
सीमा पर चले जाते हैं
सड़क पर उतर आते हैं

पर जब स्त्रियाँ लड़ती हैं
तब वे क्या करती हैं?

वे उनकी छोड़ी हर चीज़ को
सहेजती हुई लड़ती हैं
उनके बच्चों को सँभालती हुई लड़ती हैं
वे उनसे प्रेम करती हैं
इसलिए उनके घर न लौटने पर
सड़कों पर उतर आती हैं
और किसी अनिश्चितकालीन धरने में बदल जाती हैं।

प्रेम में डूबे लोगों का जात-धर्म

ठीक है, अभी आप देश के प्रेम में हैं
इससे बड़ी बात क्या है?
पर मैं समझ नहीं पाती
प्रेम में कोई कैसे
रोज़ जात-धर्म करते हुए उठता है
रोज़ जात-धर्म करते हुए सोता है

मैं बस इतना जानना चाहती हूँ
प्रेम में डूबे हुए लोगों का भी
क्या कोई जात-धर्म होता है?
क्या सचमुच
उसके जहर के साथ
कोई किसी के प्रेम में होता है?

वे कौन लोग हैं?

वे कौन लोग हैं
जो सवाल करती लड़कियों को वेश्या बताते हैं
ये वही लोग हैं
जो धरती पर जन्म लेते समय
मनुष्य बनते-बनते रह जाते हैं।

तुम कौन हो?

मुझे सिर्फ़ तुम्हारे शब्द मिले
और तुम पता नहीं कहाँ रह गए

मैंने तुम्हें हमेशा
अपनी कल्पनाओं में ज़्यादा पाया
वहीं तुम्हें अपनी तरह ढाला
वहीं तुम्हें चाहा
तुमसे ज़्यादा शायद मैंने
अपनी कल्पनाओं से प्यार किया

अब जब तुम सामने हो
तो लगता है कौन हो?

डर लगता है

किस बात से डरती हो तुम?
वह पूछता है मुझसे
मैं कहती हूँ
डर लगता है
जब ख़ुद के साथ नहीं होती

और तुम किस बात से डरते हो?
वह कहता है
डर लगता है मुझे
जब तुम साथ नहीं होती

तुम्हारा साथ होना ही
मेरा ख़ुद के साथ होना है।।

भेड़िए की भाषा

जंगल के लोग जानते हैं
भेड़िए की भाषा
उनके नुकीले दाँतों के होने का मक़सद
मुँह से लार टपकने के पहर के बारे में

वे जानते हैं
उनके आने और जाने का समय
उनसे जुड़ी तमाम कहानियाँ
कैसे और कितने लोगों को उन्होंने मारा
जानते हैं पूरा इतिहास

भेड़िए को जानने के लिए
बुरी बात नहीं है जानना
भेड़िए की भाषा
बुरा तब है
उनकी भाषा सीखते-सीखते भूल जाना ख़ुद को
कोशिश करना भेड़िए की तरह होने की
उनकी तरह दाँत चमकाने की
बात-बात पर लार चुवाने की
और जारी रखना
भेड़िए के आगे-पीछे दुम हिलाना
बुरा तब है
भूलकर उनका सारा इतिहास
एक दिन हो जाना जंगल के ख़िलाफ़।

जब तुम प्रतिरोध करते हो

हम जब आक्रोशित होते हैं
क्या करते हैं?
तुम्हारे अन्याय के ख़िलाफ़
प्रतिरोध में कविताएँ लिखते हैं
पर तुम हमारे ख़िलाफ़ प्रतिरोध में
जब भी निकलते हो
हमारी हत्याएँ करते हो

हम हत्या को हत्या कहते हैं
और तुम हमारी हत्याओं को
अपना प्रतिरोध बताते हो
तुम हमारी हत्या की जगह
कविताएँ क्यों नहीं लिख पाते हो?

तुम चाहते हो हम भी
प्रतिरोध में कविता लिखना छोड़ दें
इसके बदले कोई हत्या करें
पत्थर फेंकें या घर जलाएँ
पर हम ऐसा कुछ नहीं करते हैं

हम सिर्फ़ कविता लिखते हैं
और हर बार
तुम्हारे भीतर छिपे हत्यारे को
तिलमिलाकर बाहर निकलते देखते हैं।

आत्मरक्षा के नाम पर

धरने पर बैठकर मैंने
महीनों उसका इन्तज़ार किया
पर कोई जवाब ना आया

थककर एक दिन मैंने
जैसे ही पत्थर उठाया
कोई बल अचानक बाहर आया
और आत्मरक्षा के नाम पर
मुझे मार गिराया।

सेना का रुख़ किधर है?

युद्ध का दौर ख़त्म हो गया
अब सीमा की सेना का रुख उधर है
मेरा स्कूल-कॉलेज, गाँव-घर, जंगल-पहाड़ जिधर है

कौन साध रहा है अब
चिड़ियों की आँख पर निशाना?
इस समय ख़तरनाक है सवाल करना
और जो हो रहा है उस पर बुरा मान जाना
क्योंकि संगीनों का पहला काम है
सवाल करती जीभ पर निशाना लगाना

ख़त्म हो रही है उनकी
बातें करने और सुनने की परम्परा
अब सेना की दक्षता का मतलब है
गाँव और जंगल पर गोलियाँ चलाना
और सवाल पूछते विद्यार्थियों पर लाठियाँ बरसाना

यह दूसरे तरीके का युद्ध है
जहाँ सम्भव है
गाँव में बहुतों का भूखा रह जाना
किसानों का आत्महत्या कर लेना
और शहर में आधे लोगों का
बहुत खाते हुए, तोंद बढ़ाते हुए

एक दिन नीचे गिर जाना
और अपनी ही देह तले दबकर मर जाना

किसी युद्ध में बम के फटने से
यह शहर धुआँ-धुआँ नहीं है
यह तो विकास करते हुए
मंगल ग्रह हो जाने की कहानी है
इस विकास में न बच रहे जंगल-पहाड़
न मिल रही साँस लेने को साफ़ हवा
और लोग ढूँढ़ रहे कि कहाँ साफ़ पानी है

कोई युद्ध न हो तब भी सेना तो रहेगी
आख़िर वह क्या करेगी?
वह कैंपों के लिए जंगल ख़ाली कराएगी
जानवरों की सुरक्षा के लिए
गाँव को खदेड़कर शहर ले जाएगी
और शहर में सवाल पूछते
गाँव के बच्चों पर गोली चलाएगी

आख़िर क्यों सीमा की सेना का रुख़ उधर है
मेरा स्कूल-कॉलेज, गाँव-घर, जंगल-पहाड़ जिधर है?

पत्थर, आम और इमली के पेड़

अंग्रेजों ने जंगल पर जब क़ब्ज़ा किया
लोगों ने उनके डर से जंगल छोड़ दिया
कई गाँव उजड़ गए, कई बिखर गए

एक दिन फिर शुरू हुई
जंगल पर अपने हक़ की लड़ाई
सरकार ने पूछा
जंगल में तुम्हारे पुरखों का गाँव बताओ
कोई काग़ज़ पत्र है तो दिखलाओ

लोगों ने कहा
जिन पत्थरों पर पुरखों के नाम खुदे हैं
देखिए, हम अपनी पीठ पर
वो पत्थर ढोकर लाए हैं
हर गाँव में पुरखों ने जो
आम और इमली के पेड़ लगाए हैं
हम वही प्रमाण अपने साथ लाए हैं

वही पत्थर, आम और इमली के पेड़ आधार बन गए
लोग जंगलों में फिर से बस गए
फिर से अपने बच्चों के लिए
आम और इमली के पेड़ लगाए

पत्थरों पर अपने नाम खुदवाए
इस डर से कि फिर कोई सरकार
कल बच्चों से माँगने लगे
उनके होने का कोई प्रमाण
जब बारिश, आँधी, तूफ़ान में
कोई काग़ज़ नहीं बचेगा

सबूत के तौर पर तब भी
यही पत्थर और पेड़ खड़े रहेंगे

आज फिर से सरकार माँगती है प्रमाण
और जंगल के लोग खड़े हैं
आम, इमली के पेड़ और वही पत्थर लेकर
जिस पर खुदे हैं उनके पुरखों के नाम।

गाँव पर गोली कौन चलाता है

गाँव हर रात बिस्तर पर गिरता है
पर उसकी नींद के पास
अब कोई सपना नहीं है
सारे सपने बंधक बनाकर पिछली रात
जेल में डाल दिए गए हैं
सपनों के जहाँ भी उगने की थी संभावनाएँ
वहाँ कुकुरमुत्ते की तरह उग आई हैं छावनियाँ

दिन और रात अजीब दहशत में हैं
गाँव का आदिवासी लड़का
देखता था सपने में कभी अपनी माटी की सेवा
जाग कर आधी रात को उठता है
अब सपने में उसे दिखती हैं हत्यारी बन्दूक़ें

अब उसकी नींदें भरी हैं
कई हादसों की यादों में
आधी रात को वह जगकर
अपना मुँह पोंछता है
रह-रहकर जैसे लगता है
कोई बन्दूक़ का कुंदा उसके जबड़े में धँसा है
और ख़ून से सने उसके सारे दाँत
उसकी हथेली में आ गिरे हैं
आधी रात को उठकर

अपना पैर छूकर देखता है
कोई गोली धँसी हुई है क्या?
अब ऐसा उसे बार-बार लगता है

उस दिन चोट खाकर गिरे
अधमरे बिरसा को
भागने में विफल देख कैसे
उस आदमी ने पहले चारों ओर देखा
और किसी को न देख चुपचाप
धँसा दी तीन गोलियाँ उसकी छाती में
दूसरा बिरसा जिसके पैर में लगी थी गोली
झाड़ी में वह पड़ा रहा चुप साँस रोककर

आज भी काग़ज़ की पुड़िया में
पैर से निकाली गई वही गोली छिपाकर
वह घूम-घूमकर बदहवास दिखाता है
देखो यह सबूत है जो बताता है
कि आख़िर किसी गाँव पर
सबसे पहले गोली कौन चलाता है?

शहर की भाषा

माँ-बाबा जंगल से जब शहर आए
उनके पास अपनी आदिवासी भाषा थी
जीभ से ज़्यादा जो आँख की कोर में रहती थी
पानी की तरह
कोई भी पढ़ सकता था उनका चेहरा
पर इस शहर ने
शहर की भाषा नहीं जानने पर
जंगली कहा
उनका मज़ाक़ उड़ाया, उन्हें नीचा दिखाया

एक दिन हम बड़े हुए
माँ-बाबा ने गाँव की भाषा छिपा ली
और शहर में ज़िन्दा रहने के लिए
हमें सिर्फ़ शहर की भाषा दी
पर इस शहर ने फिर
अपनी मातृभाषा नहीं जानने पर
हमारा मज़ाक़ उड़ाया, हमें नीचा दिखाया

एक दिन हमने जाना
दरअसल बात यह नहीं है कि
हम क्या जानते और क्या नहीं जानते हैं
असल बात यह है

कि इस शहर को एक ही भाषा आती है
अपने से भिन्न हर मनुष्य को
हमेशा नीचा दिखाने की भाषा

आज हम दुनिया की तमाम भाषाओं में
कहना चाहते हैं अपनी बात
पर संदेह है कि यह शहर समझता है
अपने से भिन्न किसी भी भाषा की बात।

मारे जाने के लिए

हथियारबन्द पुलिस को जंगल में देख
गाँव के निहत्थे लोग भागने लगे
पुलिस ने कहा रुको, पर वे नहीं रुके
वे शहर की भाषा नहीं समझते थे
पुलिस ने झुँझलाकर गोली चला दी
और कुछ लोग मारे गए

पुलिस जंगल की भाषा नहीं समझती
आदिवासी पुलिस की भाषा नहीं समझते
उस दिन बच गए गाँव के लोगों ने सोचा
वे अपने बच्चों को शहर की भाषा सिखाएँगे
ताकि वे मारे जाने से बच जाएँ

जंगल में फिर हथियारबन्द पुलिस आई
उनकी भाषा समझने वाले लोगों ने
उन्हें देखकर पहले सवाल किया
पर इस तरह सवाल करने पर वे
बन्दूक की बट से फिर मारे गए
कुछ ने उनके सवालों का जवाब दिया
पर वे उनके मनमाफ़िक जवाब नहीं दे सके
वे नहीं जानते कि किस आरोप में वे जेल गए

कोई भी भाषा जंगल के आदमी को
किसी भी अत्याचार से क्यों बचा नहीं पाती?
वे दिन-रात यही सोचते हैं
पर आज वे समझते हैं
दरअसल शहर की भाषा जानना या नहीं जानना
जंगल में बचे रहने की शर्त नहीं है
जंगल के लोगों के मारे जाने के लिए
जंगल में उनका होना भर काफ़ी है

जैसे दुनिया के किसी भी कोने में
किस्तों में मारे जाने के लिए
एक आदिवासी का
आदिवासी होना भर काफ़ी है
जैसे अमेरिका में बच गए
विस्थापित नेटिव अमेरिकन के मारे जाने
या आजीवन जेल में होने के लिए
उनका नेटिव होना भर काफ़ी है
जैसे काले लोगों के मारे जाने के लिए
उनका काला होना भर काफ़ी है।

क्यों अँगूठा-भर छोड़ दिया ?

क्या करेंगे हमारे बच्चे
शिक्षा में मिले आरक्षण का?
जब जंगल में आज भी
स्कूल गिरा दिया जाता है
गाँव जला दिया जाता है
और तोड़ दी जाती हैं उसकी उँगलियाँ
जो इस पर सवाल उठाता है

बराबरी का हक़ न मिल सके इसलिए
इतिहास ने एकलव्य का अँगूठा छीना था
पर अब जंगल के आदमी के हाथ में
एक अँगूठा-भर छोड़ दिया जाता है
जो हर सफ़ेद काग़ज़ पर जबरन
ठप्पा लगवाने के काम आता है।

कपड़ा पहनने वाले लोग

वे जो पूरा कपड़ा पहनते हैं
पूरे कपड़े में आए
और दरवाजा तोड़कर मेरे घर में घुस आए
मैं अपने कमरे में आधे कपड़ों में घूम रहा था
वे मुझे देखते ही बोले
अधनंगे! अविकसित! असभ्य!

मैं उनसे इतना ही कहना चाहता हूँ
किसी के घर में
दरवाज़ा तोड़कर घुसना असभ्य होना है
सभ्यता की बात करने से पहले
बस, दरवाज़ा खटखटाकर आना सीख लें।

मेरा आदिवासी होना

ना साड़ी, ना खोपा
ना गोदना, ना गहना
कुछ भी नहीं पहनती
फिर कैसी आदिवासी हो तुम?

अक्सर लोग पूछते हैं मुझसे
पर मैं उनसे कहना चाहती हूँ
धरती के क़रीब रहना ही आदिवासी होना है
प्रकृति के साथ चलना ही आदिवासी होना है
नदी की तरह बहना
और सहज रहना ही आदिवासी होना है
भीतर और बाहर हर बन्धन के ख़िलाफ़
लड़ना ही आदिवासी होना है
और अपने सुन्दर होने के सारे चिन्हों के साथ
ज़्यादा मनुष्य होना ही आदिवासी होना है

पर किसी के मन में सिर्फ़ रह गया हो
कोई गहना, गोदना
और कोई नहीं समझ पाता हो
क्या होता है आदिवासी होना
तो मैं चाहती हूँ बदले समय में नए सिरे से
प्रतीकों में फँस गए हर भ्रम को तोड़ देना
इसी आदिवासियत के साथ बचा रह सकता है
धरती पर किसी का आदिवासी होना।

पहाड़ और सरकार

हम नहीं जानते थे
कैसी होती है कोई सरकार
जन्म लेते और होश सँभालते ही
हमने देखा सिर्फ़ जंगल और पहाड़
हमें बताओ साहब
कैसी होती है सरकार?

जंगल-पहाड़ हमें
साफ़ पानी साफ़ हवा
पोषण-भरा भोजन देते हैं
स्त्रियों को बेख़ौफ़ जंगल में
घूमने की आज़ादी देते हैं
पुरुषों को स्त्रियों की तरह
थोड़ा लजाना सिखाते हैं

गाँव के भीतर डर शब्द भी
घुसने से पहले थोड़ा डर जाता है
और आदमी नहीं जानता है
क्या होता है आदमी से डरना
पहाड़ सिखाता है हमें
प्यार में डूबकर जीना
और ज़रूरत पड़ने पर
इस प्रेम के लिए मर जाना

क्या तुम्हारा समय तुम्हारा समाज तुम्हारी सरकार
सिखा सकते हैं हमें ऐसा कुछ करना?
क्या हमारे लिए तुम्हारी सरकार
बचा सकती है जंगल-पहाड़?

एक दिन हमने सोचा
चलो कुछ नहीं तो सरकार से
एक अस्पताल माँगकर देखते हैं
हम जंगल के भीतर
एक अदद अस्पताल माँगते रहे
पर हमारे बच्चे उसके इन्तज़ार में मरते रहे
हमने कहा कोई स्कूल ही दे दो फिर
पर ऐसी भाषा में दो शिक्षा
कि बच्चे पढ़कर पहाड़ न छोड़ने लगें
यह सुनते ही उनके
बचे-खुचे स्कूल भी दम तोड़ने लगे

फिर एक दिन सरकार
सड़क का प्रस्ताव लेकर आई
हमने कहा पाँच फुट से ज़्यादा चौड़ी सड़क
नहीं चाहिए जंगल को
वह पचास फुट सड़क जबरन देना चाहती थी
हमने शर्त रखी तुम्हारे साथ आई
पुलिस कंपनी दलालों की फ़ौज पर पहले
जंगल में घुसने की पाबन्दी लगा दो
फिर चाहो तो यहाँ
चौड़ी सड़क बना दो
यह सुनकर उसने क्या किया?
माओवादी विकास विरोधी कहकर
गाँव के गाँव जेल में डाल दिए
मारा-पीटा उँगलियाँ तोड़ दीं हमारी

और सफ़ेद काग़ज़ पर अँगूठा लगवाया
रात-भर इन पहाड़ों ने सुनी हमारी चीत्कार
तो ऐसी है साहब! तुम्हारी सरकार

यह जंगल-पहाड़ ही हमारे हक़ में
हमारी तरफ़ सदियों से खड़े हैं
जिसके लिए हमारे पुरखे
दुश्मनों से हर काल में लड़े हैं
हम भी इनके लिए हर हाल में लड़ेंगे
यह जीवन भी तो इन्हीं ने दिया है
इसलिए पीढ़ी-दर-पीढ़ी हमने
इन पहाड़ों से बेइंतहा प्रेम किया है।

पहाड़ और हथियार

शहर ने ख़ुद से छीनकर
अपनी आत्मरक्षा के सारे अधिकार
पुलिस और गुंडों को
सौंप दिये हैं सारे हथियार
पर वे क्या करते हैं?
बचाने के नाम पर
निहत्थों की हत्या करते हैं कई बार

इसलिए पहाड़ की स्त्रियों ने फूलों की जगह
अपने बालों में चाक़ू खोंस लिया है
और पुरुषों ने अपने कंधे पर टाँग लिया है टाँगी
कि हथियार सिर्फ़ हत्या करने का ज़रिया नहीं है
यह बचाव का जन्मजात अधिकार है
यह प्यार है जीवन का श्रृंगार है

यहाँ जीवन और देह का हिस्सा है हथियार
इससे रास्ते बनाए जाते हैं
झाड़ी साफ़ की जाती हैं
अरंडी के बीज निकाले जाते हैं
बालों में सजाए जाते हैं
गहनों-से गले में पहन लिये जाते हैं
और इससे होता है भोजन के लिए शिकार

जीवन की जद्दोजहद में शामिल
किसी परंपरा की तरह है हथियार
जो रहता है हर वक़्त चौकन्ना
कि ज़रूरत पड़ने पर
पहाड़ों की तरफ़ आते ग़लत मंसूबों पर
उतार सके अपनी सारी धार

पहाड़ अपने बचाव के लिए
किसी ईश्वर के भरोसे नहीं रहता
वह लोगों की तरफ़ देखता है
अपनी आत्मरक्षा की ज़िम्मेदारी
उन्हें ख़ुद ले लेने को कहता है
और लड़ते लोगों के हक़ में खड़ा रहता है
इसलिए यहाँ लोग
नदी झरनों पेड़ों पहाड़ों को पूजते हैं

उनका ईश्वर वही है
जिसे वे छू सकते हैं देख सकते हैं
ईश्वर जो उनके आस-पास रहता है
जो नदी-सा चुपचाप उनके बीच बहता है।

पहाड़ और पैसा

पहाड़ पर पैसा लेकर पहुँचने वालों को
पहाड़ उनकी असली क़ीमत बतलाता है
पैसों से सिर्फ़ ख़रीदा ही जा सकता है
पर पहाड़ कुछ बेचने को तैयार नहीं
मगर ऐसा भी नहीं कि
पहाड़ पर सबकुछ मुफ़्त में मिलता है

भूख पहाड़ को ढूँढ़ती है
ढूँढ़ते हुए अपना पसीना बहाती है
और अचानक उसके हाथ
लग जाती है कोई अनजानी ख़ुशी
उस ख़ुशी में घुली होती है मेहनत की मिठास
पर मिठास की मात्रा इतनी सही कि
किसी को चीनी की बीमारी नहीं हो सकती
पहाड़ सबकी परवाह करता है

पहाड़ पर प्यास को थोड़ा रुककर
ध्यान से सुननी होती है झरनों की आवाज़
झरने तक पहुँचते हुए कभी-कभी
पानी भर रही किसी स्त्री से
बातचीत करते हुए होने लगता है प्यार
और फिर प्यार उसके साथ
पहाड़ पर नंगे पाँव चलता है

कि चलते हुए किसी को
मुक्त किया जा सकता है
साथ होते हुए भी अकेले चलने के लिए
ऐसा पहाड़ कहता है

पहाड़ पर थक जाने के बाद
नींद अपनी खाट ढूँढ़ते हुए
इस बात की चिंता नहीं करती
कि सोने का समय इस समाज ने
किस पहर को नीलाम किया है
दिन-भर लोग
दिन के साथ काम करते हैं
और रात की कमर पर हाथ रख नाचते हैं
पहाड़ पैसों के पार है पहाड़ प्यार है
पहाड़ संघर्ष है गीत है नृत्य है
पहाड़ पर हथियार ही स्त्रियों का शृंगार है

पैसों के लिए जो पहाड़ तोड़ रहे हैं
उनके ख़िलाफ़ पहाड़ के लोग
आज भी लड़ रहे हैं।

पहाड़ और पहरेदार

पहाड़ के पहरेदार
जन्म से पहाड़ को जानते हैं
सूँघकर जंगल की गंध बताते हैं
नाड़ी छूकर उसकी देह का ताप
और उसके चेहरे के बदलते रंग बताते हैं
पहाड़ों पेड़ों झरनों यहाँ तक कि
मिट्टी के नीचे दबे कंद-मूल के नाम जानते हैं
वे पहाड़ के सीने में दिल की तरह बसते हैं
जिसके धड़कने से पहाड़ बचे रहते हैं

पहाड़ों की उम्र क्या है
पूछने पर वे क्या कहते हैं?
उनका प्यार ही पहाड़ की उम्र है
यह प्यार उनके पुरखों के पुरखों के पुरखों से
शुरू होता है
पहाड़ की नसों में पीढ़ी-दर-पीढ़ी
उनका ही प्यार ख़ून की तरह बहता है
इसलिए पहाड़ सदियों तक ज़िन्दा रहता है

पर एक दिन शहर के चौकीदार
अपने मालिक का इशारा पाकर
पहाड़ पर आते हैं

और कई दिनों से भूखे खोजी कुत्ते की तरह
पहाड़ पर अकेली घूमती स्त्री को देख लार टपकाते हैं
स्त्रियों को मांस का लौंदा समझने को अभिशप्त
ये जंगल की स्त्रियों के मांस पर टूट पड़ते हैं
और भोर उठकर पेड़ से शलप* उतारनें जा रहे
उनके प्रेमियों को गोली मार देते हैं

ये शहर लौटकर गर्व से चिल्लाते हैं
देखो जंगल से हम माओवादी मारकर आते हैं

ये पहाड़ पर अपने तमग़े की तलाश में भटकते हैं
और आदमियों का शिकार कर लौटने के बाद
उनकी लाश बिछाकर शहर से सम्मान लेते हैं
ये कौन हैं?
ये उस जमात के लोग हैं
जो जानवरों का नाम लेकर सदियों से
आदमियों को मारने के अभ्यस्त हैं
काग़ज़ के टुकड़ों के आगे जो
मालिकों के इशारे पर जीवन-भर नाचते हैं
और देह के भीतर अपनी ही आत्मा का मुँह
कसकर पट्टियों से बाँधते हैं

पहाड़ जानते हैं
जीवित आत्माओं का संघर्ष
आत्माविहीन ऐसी लाशों से है
जिन्होंने ख़ुद को अनवरत बेचा है
जीवन को जुगाड़ ही देखा है
नौकरी करते हुए ग़ुलामी कमाई है
और ऊपर से आदेश आते ही हमेशा
पहाड़ की समृद्ध संस्कृति पर गोली चलाई है

---

* एक विशेष पेड़ से निकलने वाला रस

ये पहाड़ के कभी नहीं थे
न कभी हो सकेंगे
ऐसे लोगों से पहाड़ के लोग लड़ते हैं
सिर्फ़ इसलिए
कि वे पहाड़ से प्यार करते हैं।

पहाड़ और प्यार

प्यार जीवन से कब निकल गया
और किसी सिनेमा हॉल के
बड़े से पर्दे पर पसर गया
पता ही नहीं चला
अब उसे देखते हुए लोग
अपनी कल्पनाओं में प्रेम तलाशते हैं
पर प्रेम की जगह सिर्फ़ देह देख पाते हैं
और बाहर निकल
बच्चियों का बलात्कार करते हैं

जिन्हें लगा था कभी प्रेम हुआ है
वे भी नहीं जानते
वह प्रेम अब कहाँ रहता है
बिस्तर से उठने के बाद
क्यों देह ख़ाली-ख़ाली
मन भारी-भारी सा लगता है
और भीतर सिलवटों के सिवा
कुछ भी नहीं बचता है

कुछ लोग प्रेम के नाम पर
स्त्रियों का गला काट ले जाते हैं
कुछ गाय के प्रेम में पेड़ों पर
आदमियों को टाँग आते हैं

कुछ कथित देशप्रेम के नाम पर कहीं भी
किसी को भरी भीड़ में
मौत के घाट उतार देते हैं
इस तरह जानवर ईश्वर देश
सब प्रेम से इंसानों को मारने का
अंतहीन अभ्यास करते हैं

प्रेम इतना डरा हुआ है कि
अपनी जाति के भीतर छिपकर रहता है
वह भी जानता है
बाहर निकलते ही
किसी भी बहाने से मारा जाता है
ऐसे समय समाज के बीच भी
पहाड़ पर प्रेम कैसे साँस लेता है जीता है

पहाड़ की साँझ जवानी की दहलीज़ पर
क़दम रखते ही किसी दिन
धाँगड़ीबासा में घुस जाती है
वहां धाँगड़ाबासा से निकल
कोई पास चला आता है
और स्त्री को सारी रात सुनता है

आकाश के कैलेंडर पर दिन
ख़ुद की तारीख़ें बदलता है
और लड़की क्या चाहती है
दिन चढ़ने तक इसका इन्तज़ार करता है
जब इन्तज़ार की रातें ख़त्म होती है
तब वह मनुहार दुलार और प्यार की बात करता है

पहाड़ स्त्री के नाम की गालियाँ नहीं जानता
वह ग़लत आदमी को ग़लत

झूठ बोलने वाले को झूठा
बेईमानी करने वालों को बेईमान
हत्या करने वाले को हत्यारा कहता है
सज़ा सुनाता है दंडित करता है
समाज से बहिष्कृत करता है
पर पुरुषों के सारे कुकर्मों के लिए
स्त्री योनि को दोषी नहीं ठहराता

पहाड़ पर साथ चलते-चलते
एक दूसरे को सुनते-सुनते
साथ काम करते-करते
जब आने लगता है भीतर
दो इंसानों के एक होने का भाव
तब एक साथ वे कह उठते हैं–
"हाँ यही तो है प्यार"

फिर पहाड़ और जीवन के लिए
प्यार के साथ बढ़ जाती है उनकी परवाह
पहाड़ बतलाता है
आदमी अकेला आया है अकेला जाएगा
सिर्फ़ प्यार ही अकेले आदमी को साथ लाता है
उनके साथ आने से जीवन साँस लेता है
इस तरह पहाड़ पर प्यार ज़िन्दा रहता है।

पहाड़ों के लिए

थोड़े से पैसे के लिए
जो अपना ईमान बेचते हैं
वे क्या समझेंगे
पहाड़ों के लिए कुछ लोग
क्यों अपनी जान देते हैं।

उसके शहर में

वह उसका शहर था
और मैं उसके शहर में था
उसे कुछ भी तो नहीं थी ख़बर
आख़िर क्यों मैं भटक रहा था उधर

मैं ख़ुश था यह सोचकर
कि यहीं-कहीं वह रहती होगी
यहीं-कहीं होगा उसका भी घर
चाहता तो उस शहर में ढूँढ़ सकता था उसे
पर क्या कहता वह मिल भी जाती अगर?

क्यों गन्दी हो जाती है गंगा?

गंगा निकली थी घर से झिलमिल-झिलमिल
पानी के आईने में अपना चेहरा देख
जैसे मुस्कुराती हों चमकीली मछलियाँ
अब अपने आँचल में सारी गन्दगी समेट
पूछ रही है तुमसे–सच-सच बताना
तुम तक ही आते-आते
क्यों इतनी गन्दी हो जाती है गंगा?

पिता-सा भाव

उस आदमी ने
लड़की की हथेली छूकर कहा
तुम्हारी हथेलियाँ बहुत ठंडी हैं
अलाव के पास जाकर बैठो
उसने पलटकर कहा
मेरे पिता की हथेलियाँ गर्म हुआ करती थीं
मगर जिनमें आ जाता है पिता-सा भाव
उनकी हथेलियों में भी
आ जाता है ठीक वैसा ही ताप

आपकी हथेलियाँ गर्म हैं।

तुम इस तरह आना

माँ मृत्युशैया पर थी
और मैं कहना चाहता था
एक जोड़ा तितली जब भी आए कमरे में
मैं समझूँगा तुम हो
क्या इस तरह तुम
आ सकोगी मुझसे मिलने?
मैं कहते-कहते रह गया
पर जाते-जाते उसने मुझे सुन लिया
जब भी देखता हूँ एक जोड़ा तितली
घुस आती हैं कमरे में साथ-साथ
मुझे लगता है
माँ यहीं कहीं है मेरे आस-पास।

पृथ्वी हो जाता हूँ

प्रेम में तुम्हारे ही चारों ओर घूमता हुआ
मैं पृथ्वी हो जाता हूँ
थोड़ा-थोड़ा स्त्री हो जाता हूँ।

गाँव का पता

मैं पूछती हूँ बच्चे से उसके गाँव का पता
वह अपना सिर हिलाता है
और कोई ट्रक दिखलाता है
किसी भी ट्रक से पूछ लो न दई कहता है
कोयला लोहा बॉक्साइट के साथ
कई गाँवों को लादकर वह ट्रक
जो रोज़ शहर की ओर जाता है
अब सिर्फ़ वही मेरे गाँव का
असली पता बताता है।

क्यों काटे जाते हैं पेड़?

वे पेड़ों को मुख्यधारा में लाना चाहते हैं
पर अपनी ज़मीन से उखड़कर पेड़
क्या मुख्यधारा में कभी आते हैं?
बस इसलिए काट दिए जाते हैं।

सच बोलती सड़कें

ओव्ह क्या तुम नहीं देख सकते
चौड़ी सड़कों के लिए हज़ारों पेड़
दे रहे हैं अपनी क़ुर्बानी
क्या अब भी चाहिए तुम्हें
विकास की कोई परिभाषा?
नई सड़कें बतलाती हैं
विकास के नाम पर ही
उखाड़ी जा सकती हैं जड़ें
पेड़ और आदमी दोनों की।

अख़बार

समाज का आईना अख़बार
कहते थे जिसे अब वह नहीं रहा
किसी खोजी कुत्ते में तब्दील वह
अब सिर्फ़ उस आदमी की गंध पहचानता है
जिसकी गंध भात में सानकर खिलाई गई हो उसे।

पालतू कुत्ते

आवारा कुत्तों के बनिस्बत
पालतू कुत्तों के
मारे जाने की संभावनाएँ कम हैं
क्योंकि वे पूरी ताक़त के साथ
अपनी दुम हिलाते हैं।

हथियार

वे हथियार उठाए आते हैं
और जंगल के आदमी से कहते हैं–
"अपने हथियार डाल दो"
कहता है जंगल का आदमी
हाथ में हथियार लेकर
–निहत्थों से डरे हुए लोग,
तुम्हारे हाथ में जब तक हथियार है
मेरी पीठ पर लटका मेरा धनुष
मुझसे अलग नहीं हो सकता।

किसी के काम न आया

पहले ख़ुद को देवता बताया
फिर धर्म लेकर आया
चाँद पर चढ़कर
तारे भी तोड़ लाया
गाँव को शहर किया
फिर शहर को ज़हर किया

जिससे भी मिला
दुःख ही दुःख दिया
जहाँ भी गया
छीना-झपटा लूटा-मारा
और कल पड़ोस की लड़की को तो
अपने ही लड़के से बचा न पाया

लगता है जीवन में बहुत किया
पर कहाँ कभी किसी के काम आया?
अपनी सारी ताक़तों के साथ धरती पर
एक आदमी को मैंने
इतना कमज़ोर पागल और विध्वंसक
पहले कभी न पाया।

ख़ेमा

सच को हमारे ख़ेमे से देखो
इधर से...ऐसे...इस दृष्टिकोण से
हमारे ख़ेमे से नहीं देखोगे
तो इलाक़े में घुस नहीं पाओगे
क्योंकि यह इलाक़ा हमारा है

एक अदना-सा आदमी
जो इंसान-भर होने की चाहत लिए
सही को सही और
ग़लत को ग़लत कहता है
किसी भी ख़ेमे को वह
सबसे ज़्यादा ख़तरनाक क्यों लगता है?

शहर जो बिक चुका है

पूरा शहर बिक चुका है
उसकी हर गली में
कोई न कोई दलाल बैठा है
उनकी जेबें भारी हैं
और उस भार का असर माथे पर नहीं
आत्मा पर ज़्यादा है
गलियों की ज़ुबान अक्सर बन्द रहती है
मगर उनकी आँखें
हर नए चेहरे का ख़तरा भाँपती हैं

एक ख़तरनाक शांति है यहाँ
जो शांति से दिन-रात तलवे चाटती है
और सवाल करने वालों का गला घोंटती है।

किसकी भाषा समझते हैं वे?

उन्होंने कहा तुम जानवरों से अधिक
ऊपर नहीं उठ सके
इसलिए हम तुम्हें आदमी बनाएँगे
मुख्यधारा के क़रीब लाएँगे

हमने उनके पास
अपनी तरह के आँख-कान-नाक देखे
और समझा कि वे भी हमारी तरह इंसान हैं

हम ख़ुशी से उछल पड़े
यह सोच कि तब वे हमारी भाषा ज़रूर समझेंगे
मगर धीरे-धीरे जाना
वे आदमियों की भाषा नहीं समझते
उन्हें बस जानवरों की भाषा ही आती है।

जहाँ कुछ नहीं पहुँचता

पहाड़ पर लोग पहाड़ का पानी पीते हैं
सरकार का पानी वहाँ तक नहीं पहुँचता
मातृभाषा में कोई स्कूल नहीं पहुँचता
अस्पताल में कोई डॉक्टर नहीं पहुँचता
बिजली नहीं पहुँचती इंटरनेट नहीं पहुँचता
वहाँ कुछ भी नहीं पहुँचता

साब! जहाँ कुछ भी नहीं पहुँचता
वहाँ धर्म और गाय के नाम पर
आदमी की हत्या के लिए
इतना ज़हर कैसे पहुँचता है?

राष्ट्रवाद

जब मेरा पड़ोसी
मेरे ख़ून का प्यासा हो गया
मैं समझ गया
राष्ट्रवाद आ गया।

मैं पुरुष पैदा नहीं होता

मैं पुरुष पैदा नहीं होता
यह समाज मुझे पुरुष बनाता है
मेरे भीतर के स्त्रीत्व को बचपन से
धीरे-धीरे मारा जाता है
इस तरह कोई पुरुष तराशा जाता है।

इन्तज़ार

वे हमारे सभ्य होने के इन्तज़ार में हैं
और हम उनके मनुष्य होने के।

•••